从创意到影响力

——麻省理工学院创新创业教育借鉴

施亮星　著

中国教育出版传媒集团

高等教育出版社·北京

内容简介

　　本书是作者在 MIT（麻省理工学院）进行访学调研的基础上完成的。本书从创新创业教育视角出发，以 MIT 创新创业教育生态体系为研究对象，探究世界一流高校如何建立起卓有成效的创新创业教育和实践系统，试图从发展和系统的角度解读 MIT 何以能够产生持续的创业影响力。本书内容涵盖 MIT 创新创业发展历程、MIT 创新创业生态体系建设、MIT 创新创业教育项目与师资、MIT 典型的创新创业课堂和培养模式、从实验室到市场的 MIT 学术创业、从启蒙到实践的 MIT 学生创业支持体系、创新解决社会发展中的挑战的 MIT 社会创业教育、MIT 教师指导学生创业中的利益冲突与回避等内容。通过对相关内容的介绍和研究，本书为读者揭示了 MIT 如何开展创新创业教育以及如何搭建联通教学、科研、实践和校内外创新创业资源的开放式创新创业生态体系。本书在梳理 MIT 创新创业教育成功之道的过程中，思考了其对我国高等教育的启示，相关内容对于我国高校高质量开展创新创业教育、搭建创新创业生态体系有很高的借鉴价值。

图书在版编目（CIP）数据

从创意到影响力：麻省理工学院创新创业教育借鉴 /
施亮星著． -- 北京：高等教育出版社，2023.3
　　ISBN 978-7-04-059438-6

　　Ⅰ．①从⋯　Ⅱ．①施⋯　Ⅲ．①麻省理工学院 - 创造教
育 - 研究　Ⅳ．① G649.712.8 ② G40-012

　　中国版本图书馆 CIP 数据核字（2022）第 175353 号

CONG CHUANGYI DAO YINGXIANGLI

| 策划编辑 | 平庆庆 | 责任编辑 | 平庆庆 | 封面设计 | 李卫青 | 版式设计 | 张　杰 |
| 责任绘图 | 于　搏 | 责任校对 | 马鑫蕊 | 责任印制 | 耿　轩 | | |

出版发行	高等教育出版社		网　　址	http：//www.hep.edu.cn
社　　址	北京市西城区德外大街 4 号			http：//www.hep.com.cn
邮政编码	100120		网上订购	http：//www.hepmall.com.cn
印　　刷	河北信瑞彩印刷有限公司			http：//www.hepmall.com
开　　本	787 mm×1092 mm　1/16			http：//www.hepmall.cn
印　　张	6.75			
字　　数	75 千字		版　　次	2023 年 3 月第 1 版
购书热线	010-58581118		印　　次	2023 年 3 月第 1 次印刷
咨询电话	400-810-0598		定　　价	21.90 元

序

《从创意到影响力——麻省理工学院创新创业教育借鉴》一书即将付梓，这是一件可喜可贺之事。亮星作为中美富布莱特学者，应麻省理工学院（MIT）新工科教育转型委员会主席爱德华·克劳利（Edward Crawley）教授的邀请在 MIT 进行了为期一年的访问。在 MIT 期间，亮星重点对 MIT 的新工科教育转型（NEET）和创新创业教育进行了深入的调研，并结合他作为创新创业学院院长经历中的探索和思考完成了本书。亮星此前将清样送我阅览，并请我为之作序。

MIT 的办学定位就是要充当全球最强大的创新创业引擎，创新创业已经成为该校鲜明的办学特色。正如书中介绍的那样，截至 2015 年，由 MIT 的校友创建且仍很活跃的公司有 30200 家，这些企业雇佣了大约 460 万名员工并有约 1.9 万亿美元的年收入。这个年收入若按当时的 GDP 计算，则相当于是世界第十大经济体。MIT 创新创业的力量可见一斑。而亮星通过这本书带我们去探究 MIT 取得这样成就的原因，了解这所创业型大学的所作所为。

该书写在中国高等教育积极探索新时代面向未来的人才培养模式的进程中，恰逢其时。其对世界一流高校创业教育的研究和介绍，为我们揭示了 MIT 如何开展创新创业教育以及如何搭建联通教学、科研、实践和校内外创新创业资源的开放式创新创业生态体系。通读本书，可以看到 MIT 如何在学生培养上，按照学生的学习进程和创业的规律，建立起一个以学生为中心的完善的创新创业教育与支持体系，为学生提供整个创新创业价值链上的教育和辅导。从书中，还可以看到 MIT 如何开设创新创业课程。书中凡举了若干门课程集中反映了 MIT 创业课程的特色，这些特色包括：集成学术型和实践型师资共同授课的双轨制课程；课堂结合科研、创业和现实问题的行动学习；以及课程与创新创业生态体系融合的课程生态等。本书通过对 MIT 相关工作的系统梳理从发展和系统的角度探究 MIT 的创新创业何以能够产生持续的影响力。

MIT 双创成就显著，经验值得借鉴。MIT 通过大力推动创新创业，加速前沿技术从实验室到市场，形成了强大的影响力，成为了美国科技革命的重要创新引擎。在此过程中，MIT 逐步建立起了完整的创新创业生态体系，并将创业作为大学回答人类社会面临重大挑战的方法。通过这本书，让我们了解 MIT 如何支持师资开展学术创业，将实验室的前沿技术带向市场，使得新的技术和人才在全球部署，从而产生广泛和深远的影响力。他山之石，可以攻玉。MIT 在创新创业方面所积累的经验、内容、举措值得国内高校借鉴，对我们推进高校开展创新创业工作有很好的启示。

本书的内容，在为我们开启了解国际同行高校在推进创新创业工作一扇窗的同时，也特别提出在借鉴 MIT 等国际高水平大学建设创新创业教育生态体系时，我们应清楚地知道本土高校的办学情境、体制机制以及与国际同行存在的差别，不能不加取舍地奉行拿来主义。为此，亮星在书中也结合高校推进创新创业教育工作的策略和路径提出了他的思考和建议。本书以"从创意到影响力"为名，点出了创新创业教育的本质和意义。我国高校要结合我们的办学实际，形成高等教育人才培养的新创意，搭建起有时代特征、更有意义和使命感的创新创业教育，培养能够推动国家和人类社会不断进步的未来领导者。

在过去的几十年，中国高等教育取得了举世瞩目的成就，并在党和政府的领导下，不断探求符合新时代人才培养要求和面向未来的发展路径。当前，应新一轮的科技革命和产业变革所带来的机遇与挑战，我国高校全面推进新工科、新医科、新农科、新文科的"四新"建设，这是高等教育面向未来的重大变革。"四新"建设过程中，高校不仅要借鉴世界一流高校的探索和实践，更要扎根中国大地，不断创新，追求在教育领域的高质量发展，建设成为推动国家新时代建设发展和人类社会进步的创新引擎，为我们国家早日实现两个一百年奋斗目标而贡献创新力量。

顾佩华

2022 年 11 月 30 日

前　言

习近平总书记在中共十九届中央政治局常委同中外记者见面时讲到"新时代要有新气象，更要有新作为"。在新时代，高等教育更要有新气象、新作为，在办好人民满意的教育中成为更好的表率。创新创业教育是高校在新时代的新探索，更要有新作为。

党中央一直高度重视创新创业教育，党和国家领导人多次对创新创业教育作出重要讲话和批示。中共中央办公厅、国务院办公厅印发《关于深化教育体制机制改革的意见》指出，要把创新创业教育贯穿人才培养全过程，既凸显了双创教育作为高等教育基础性工程的重要地位，又表明了创新精神和创新创业能力作为人才培养的基本能力要求。

经济学家约瑟夫·熊彼特（Joseph Schumpeter）指出，创新是一个国家经济增长的核心。创业者不断地"对生产要素重新组合"以形成"创造性变革"。创业者这种"不间断的创新行为"，就是我们应对危机的根本对策。创新创业对于国家发展、人类社会进步意义重大。

随着技术的飞速发展，未来的世界变得更加不确定和复杂，甚至被称为乌卡（volatile, uncertain, complex, ambiguous, VUCA）时代。教育也正处于新一轮改革的浪潮中，教育不仅要培养学生掌握现有技术，更要开展面向未来的人才培养。创新创业教育的本质正是培养能够应对更具不确定性和复杂性世界的未来领导者。在世界范围内，众多高校已经成为区域内乃至世界性的创新创业重要引擎。MIT（麻省理工学院）等许多高校历来重视创新创业，经过长时间的探索和积淀，建立起了一套完整的创新创业机制。1980年美国拜杜法案（Bayh-Dole Act）的通过极大地带动了该国科技成果转移，更多的美国大学成为驱动经济成长的引擎。过去几十年间，创业已经成为美国主要的就业机会。2011年，美国140多所研究型大学校长给美国商务部及美国创新创业国家顾问委员会（National Advisory Council on Innovation & Entrepreneurship, NACIE）联署写信，呼吁政府应重视以大学为基础的创新创业。这封信同时也在激励美国高校成为创新创业的沃土。由此，美国商务部管辖下的"创新创业办公室（OIE）"展开了为期2年的调查研究，并于2013年对外发布了题为《创新创业型大学：聚焦创新与创业的高等教育》的报告，报告提出了美国政府要促进学生创新创业、鼓励教师创新创业、积极支持高校科技成果转化、促进校企合作、参与区域和地方经济发展。如今，无论是在美国的硅谷还是在大波士顿地区，斯坦福大学、MIT等高校在其所处的创新创业生态体系中都是非常重要的存在，并且已经成为了其中的重要驱动力。

　　MIT是创新创业教育和实践的先行者，建立了很好的创业文化。正如MIT的校训"知与行（mind and hand）"所昭示的那样，MIT特别注重理论与实际的结合，不断寻求与工业界、政府密切合作的机会，为他们提供MIT创新方案并形成影响力。同时，MIT也得益于大波士顿地区活跃的创新生态体系的支持，这为 MIT 创办的企业提供了沃土。MIT 自身也建立起完善的创新创业生态体系，帮助发明人与创业导师、合作者、合作网络及资金进行对接，以使新技术能快速落地，形成变革性创业项目。MIT 的创新创业生态体系囊括了一系列的计划和行动，包括 MIT 创新计划、MIT100K、MIT 创业中心及产业联盟等。

过去几年，我国高校积极作为，结合自身的办学特点在创新创业教育上展开了探索。但是，对于如何将创新创业融入人才培养全过程，如何将创业教育与专业教育融合，如何让大学成为区域内乃至整个国家的创新驱动力，这些问题还需要我们进行深入的创新与探索。本书也正是带着这样的问题，深入调研 MIT 等高校的创新创业教育，并努力为我国高校的创新创业教育提供建议和参考。

放眼望去，可以看到 MIT 如何以科技创业创造出大波士顿区域的高科技创业奇迹，其校友的创业成就在影响和改变着世界；也可以看到创新创业如何重塑着斯坦福大学，并使之成为当前硅谷创新创业生态系统中的核心力量。站在人类社会历史发展的交汇点，身处中国新时代建设的梦想时期，如何发动一场深刻的创新创业教育变革，重塑大学教育，为未来社会"储材兴学"，或许是当前我国高校的新机遇、新使命和新作为。

编者

2022 年 10 月 30 日

目　　录

创新创业：
培养不确定世界的未来领导者

"创业"一词的英文为 Entrepreneurship，由于该词来自法语 Entrepreneur（企业家），Entrepreneurship 的意思又不仅仅是中文"创办企业"的字面解释，有不少人将其翻译为企业家精神。彼得·德鲁克（Peter Drucker）① 将 Entrepreneurship 定义为"给资源赋能以创造出价值的行动"（the act that endows resources with a new capacity to create wealth）。相较于这样的定义，"企业家精神"这样的翻译容易造成误导，因为它失去了实践和创造的含义，反而"创业"是更加接近其原意的。如今创业的提法已经被广为接受，但现实中，人们对创业还有许多认知上的差距。本文将从MIT 等高校的办学实践以及相关学者的观点出发，厘清对创新创业、创新创业教育和人才培养的理解。毕竟，这关乎我们如何准确设计、运行和改进这项工作。

---

① 彼得·德鲁克（Peter Drucker），被誉为现代管理学之父，著有《管理的实践》《创新与企业家精神》等30多部影响深远的著作。其提出的目标管理（management by objects，简称MBO）的概念成为管理学的重要组成部分。2002年6月20日，美国总统乔治·沃克·布什（George Walker Bush）宣布彼得·德鲁克成为当年的"总统自由勋章"的获得者，这是美国公民所能获得的最高荣誉。

对于创新创业，MIT 将其放在了战略的高度。MIT 校长拉斐尔·赖夫（Rafael Reif）对 MIT 的定位就是要充当全球最强大的创新创业引擎。他意识到 MIT 有能力更有责任为人类社会面临的重大问题提出富有想象力和创新性的解决方案，从而推动人类社会不断进步。Rafael Reif 校长对创新创业的认识与学术上对创业的定义是完全一致的。Peter Drucker 更细致地给出了创业的定义，即创业就是个人或团队对机会的识别，进而将创意转化为创新的产品和服务以及能创造价值的活动。而创新是创业的本质（Peter Drucker），是创业的武器（Jay Rao，杰伊·拉奥）。这也就是为什么将创新与创业并列提出的原因。

MIT 也确实如 Rafael Reif 校长所言，成为了区域和全球创新创业的强大引擎，有着全球性的影响力。据 MIT 的创业中心创始主任爱德华·罗伯茨（Edward Roberts）[1] 教授等人 2015 年的调查统计，MIT 的校友已经创建了 30200 个活跃的公司，雇佣了大约 460 万名员工，产生了大约 1.9 万亿美元的年收入。这个年收入介于 GDP 世界排名第九的俄罗斯（2.097 万亿美元）和排名第十的印度（1.877 万亿美元）之间。MIT 校友创办的企业包括通用汽车（GM）、惠普（HP）、英特尔（Intel）、麦道（MD，飞机制造巨头）、德州仪器（TI，半导体巨无霸）、3Com、吉列（Gillette）、IDG、雷神（Raytheon，国防军工）等世界级企业。统计表明，MIT 校友创业的年龄在不断下降，目前创业者的平均年龄是 27 岁。MIT 斯隆管理学院黄亚生教授评价说，相对于 MIT 的 80 多位诺贝尔奖获得者（目前为 95 位），MIT 更为之自豪的是创新创业的成就。

---

[1] 爱德华·罗伯茨（Edward Roberts），MIT 斯隆管理学院教授，MIT 创业中心创始主任，著有关于高科技企业创办与成长的《高科技创业者——以 MIT 等为鉴》（*Entrepreneurs in High Technology Lessons from MIT and Beyond*）等十余部著作，发表超过 160 余篇论文，同时还辅导和投资了许多企业。

天津大学校友张璐，同时也是斯坦福大学的校友，如今是硅谷著名的投资人。她认为，正是创新创业让斯坦福大学在过去十多年迅速成长为美国最顶尖的高校。斯坦福大学之于硅谷是非常重要的存在，《纽约客》对此的评论是，"如果说常青藤联盟是美国精英阶层的温床，那么斯坦福大学则恰是滋养着硅谷这片田地的农场系统"。诸如思科（Cisco）、惠普（HP）、雅虎（Yahoo）、谷歌（Google）、易贝（eBay）、奈飞（Netflix）、领英（LinkedIn）等不胜枚举的一批世界级企业，就是斯坦福大学校友创办的。贝宝（PayPal）、美国太空探索技术公司（SpaceX）等的创办者就是有硅谷钢铁侠之称的埃隆·马斯克（Elon Musk），他的能源物理学博士学位就是在斯坦福大学取得的。据PitchBook统计，从 2006 年到 2017 年，斯坦福大学校友创办了 1127 家公司，数量惊人。一项 2011 年进行的调查称，斯坦福大学校友创办了约 39900 家活跃企业，年产值约为 2.7 万亿美元，创造了 540 万个就业岗位。

再看年轻的欧林工学院，2002 年正式招生，不设专业，以项目式学习开展人才培养，其毕业 10 年校友去向统计显示，31% 的校友创业。

从 MIT、斯坦福大学和欧林工学院等世界一流高校的创新创业实践可见，创新创业是大学重要的办学使命。应将高校作为解决人类社会面临的各种重大挑战、推动人类社会进步的创新力量，使其成为经济与社会发展的创新引擎。也正是基于这样的定位，越来越多的高校强调对学生创新创业能力的培养和支持，创新创业已经成为衡量高校科研教学和人才培养质量的重要标志。

Joseph Schumpeter 提出，所谓的创业者（entrepreneur）就是愿意并能够将创意和发明转化为成功的创新之人（to convert a new idea or invention into a successful innovation）。柏森商学院（Babson College）的著名创业教授Jay Rao对创业者（entrepreneurial leaders）的定义是能够改变世界并创造新的价值（影响力）的人。从这个意义上讲，创业不只是简单意义上的创办新企业，而是一种不断识别机会、形成创意、提出创造性的解决方案并创造出价值和影响力的思维方式和行动实践。例如，Peter Drucker 在他的书中专门举例提到，人类历史上最伟大的创业就是教科书的发明。正是教科书的发明使得知识以前所未有的质量和效率在我们这个星球传播。也正因如此，创业者不只是传统意义上创办公司的人，也可以是在企业的内部、非营利机构或政府部门工作的人。而创业除了普通意义上的创办商业企业，还包括为使企业获得竞争力和创新突破而开展的公司内创业（corporate entrepreneurship）；还有专注于解决人类社会贫穷、生态环境、文化保护等问题的社会创业（social entrepreneurship）。在 MIT 和欧林工学院等许多高校中，社会创业同样是创新创业教育中非常重要的内容。

由于创业面临的是模糊和不确定的环境，这有别于传统的管理（management）。传统的管理知识强调的是对组织的计划、组织、领导、控制和协调等职能，通过资源的管理、绩效的考核、风险的管控等手段实现组织目标。而创业则强调的是对不确定性（uncertainty）的管理。Jay Rao 教授指出，创新创业的教育更注重对创业领导力的培养，而具备创业领导力（entrepreneurial leadership）的人才不只是通常意义上的风险管理者（risk manager），更是不确定性世界的领航者（uncertainty navigator）和模糊世界的探索者（ambiguity explorer）。创业也不只是形成一个好创意，而是将创意带向成功实践的行动。因此，在创业方法中，设计思维（design thinking）与精益创业（lean startup）等方法论直观展示了创业从不确定性中如何不断迭代的过程，如图1-1所示。这有别于传统工程教育中 CDIO（conceive，design，implement，operate）模式（CDIO 最新的版本也已经关注这方面内容）。菲利普·金（Phillip Kim）教授指出，正是这样的领导力和行动，让六十年前的山村果园变成了如今的科创硅谷。

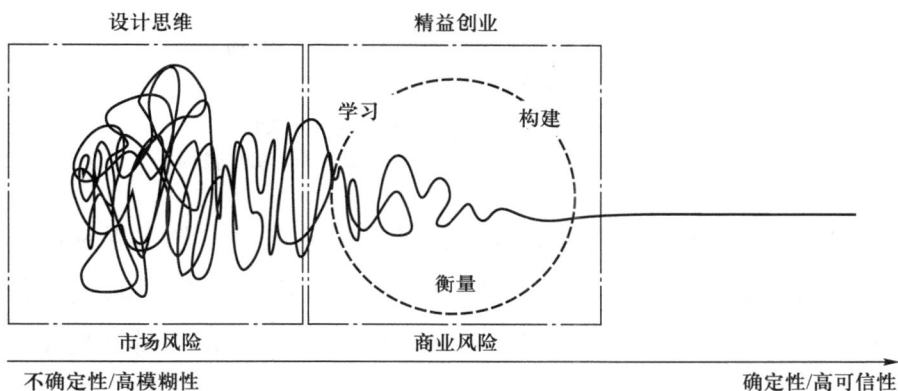

图1-1　设计思维与精益创业

正如习近平总书记对"当今世界正处于百年未有之大变局"的判断，人类社会正处于一个更加不确定和复杂的时代。一方面，世界正处于第四次工业革命进程中，新一轮产业革命方兴未艾。对历次工业革命的回顾可以看出，每次工业革命首先带来的是大规模的失业。科技飞速发展、知识更新的速度不断加速，埃里克·特勒（Eric Teller）以图1-2的模型指出，当人类面临着技术的飞速发展时，会出现自身的适应能力有限的情况。许多新技术的更新速度超过了学校教授知识的更新速度，不少声音批评学校教育与现实脱节严重，而要克服这种情况，就需要培养学生"通过掌握快速学习、快速迭代和实验的技能来提升适应能力"。MIT 新工科教育转型计划的提出本质上也是出于这种考虑。传统的工程教育教学生现在的飞机如何制造，而新工科教育则要带领

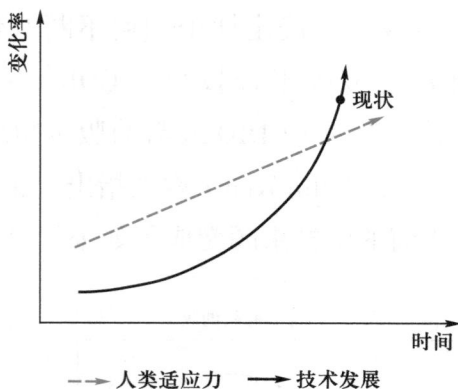

图1-2　人类适应能力与技术发展
（图片来源：托马斯·费里德曼的作品《谢谢你迟到》）

学生们探索未来的飞行器是什么样子。另一方面，学术界和产业界也认同我们正处于乌卡（VUCA）时代。面临这样的时代，作为人才培养的高等学校，我们要培养的是未来世界的岗位胜任者和工作机会的创造者，而不是失业者。因此，人才培养的重点在于培养具备快速学习能力、快速迭代能力和能够将创新创造出价值和影响力的实践能力的未来人才，即具备创业领导力的人才。正如艾伦·吉布（Allan Gibb）提出的创新创业人才模型，如图1-3所示，创新创业教育的本质就是培养能够应对更具不确定性和复杂性的未来世界的领导者。创新创业不仅要培养出符合未来工作的胜任者，更重要的是培养能够创造工作机会的创造者和能够创造新的价值和影响力的一代。

关于创新创业教育的一个争论就是创新创业是否可教。Peter Drucker指出："创业神秘吗？它不是魔术，不是秘密，更无关基因。它是一门学科，而且与其他任何学科一样，是可以学习的。"有学者亦指出，之所以存在创业不可教这样的误解，是基于对教学本身认识的局限。在传统的教学场景中，教师站在讲台上传授知识、讲解理论。这样的教学形式只能涵盖少部分的知识，属于

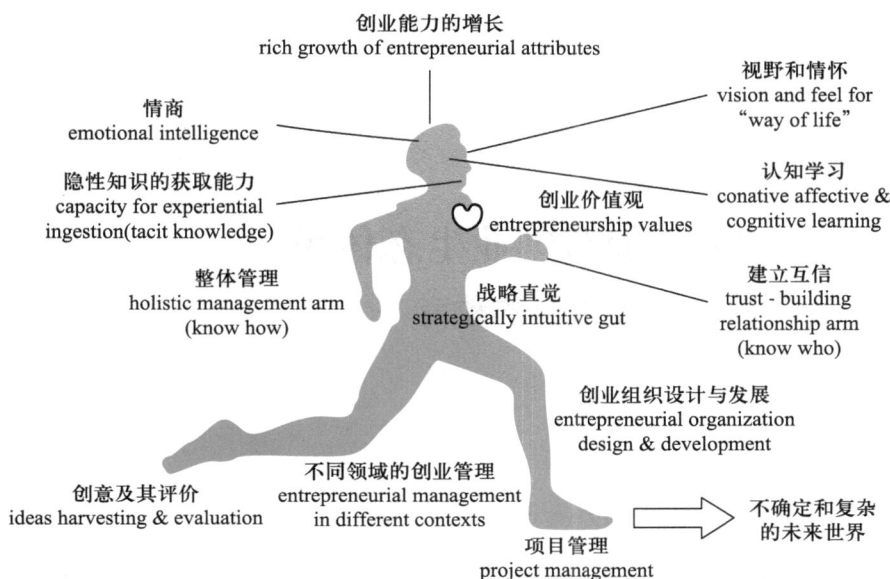

图 1-3　创新创业人才模型

认知方面的教育，而缺乏对能力和态度等方面的培养，当然不足以培养出真正的创业者。因此，我们在看到 MIT 在创新创业方面的巨大投入的同时，更要看到其成功源自于对创新创业教学的深刻变革。MIT、斯坦福大学、欧林工学院等高校，在开展创新创业教育的过程中，都强调跨学科的融合与教学的创新。创新创业教育也不只是传统意义上的商科教育，其对于工程教育更是意义非凡。创新创业是对新的需求提出新的想法，并把这些想法转化为能创造价值和产生影响力的产品和服务的过程。如何开展创新创业教育，把创新创业教育贯穿人才培养全过程，并在更深层次上推动教育和人才培养的变革和创新，则是有待教育者通过推动教育本身的创新创业来回答的问题。

MIT 创新创业生态体系
——改变世界的教育

1. MIT 创新创业发展历程

MIT 的创新创业传统源自其创立之初，从 1861 年成立起，就有别于同时代的大学注重传统的教育方式，MIT 更加"重实践"。其校训"知与行（mind and hand）"传递知行合一的办学理念。MIT 的使命是"致力于科学、技术和其他领域的知识探索和学生培养，从而在 21 世纪最优质地服务于国家和世界（to advance knowledge and educate students in science, technology, and other areas of scholarship that will best serve the nation and the world in the 21st century）"。与其办学使命相匹配，MIT 的创新创业致力于解决国家和人类社会所面临的重大问题，包括可持续能源、城市住宅、水资源问题、食品问题、癌症、阿尔茨海默病和传染病等。

在知行合一的办学理念下，MIT 很早就与产业界建立了紧密的合作关系。早在 1930 年，MIT 就设立了 MIT 产业联盟（Industrial Liaison Program，ILP）的前身科技计划（the Technology Plan）。同时，MIT 重视实践的初心被完整地体现在其创新创业的培养方案和各类支持计划中，在创新创业教育中强调"做中学"（learning by doing）。

MIT 校友、教职员和学生创业的历史可追溯至 1886 年亚瑟利特尔（Arthur D. Little）公司在剑桥的成立。爱德华·罗伯茨（Edward Roberts）和菲奥娜·默里（Fiona Murray）[①] 等人的研究指出，MIT 的创新创业始于二战早期在 AR&D 支持下的实验室创业阶段。这一时期，128 号环城公路的开通为创业者提供了成本较低的沿路场地和便利的交通，大量的科创企业沿路边区域创立，128 号环城公路也因此被誉为美国的科技公路。应实验室创业的需要，1945 年，MIT 成立了专利版权与许可办公室（1985年更名为技术许可办公室，TLO），是美国最早成立此类办公室的高校之一。

过去几十年，创新创业相关教育活动、创业网络、导师等大量增加。与此同时，相关的研究经费、师资、参与的学生也在增加。1970 年前后，MIT 校友发起倡议，鼓励创业，这算是首次直接推动创业的举措。时至今日，这一举措变成了全球范围内的MIT 创业论坛。当时，仅仅学校所在地剑桥就培育了 700 多家年轻企业，相当于美国在其他地方创办的企业数量的总和。

1990 年，MIT 依托斯隆管理学院成立了 MIT 创业中心（MIT Entrepreneurship Center，后更名为 the Martin Trust Center for MIT Entrepreneurship，本书为简便起见均统一称为 MIT 创业中心），以技术创业为切入点，系统地开展了创新创业的教育和研究。同时，MIT 也从一开始只开设一门创业课，到 2018—2019 学年，MIT 各院系共开设超过 85 门创业学分课程，涉及各种创业主题，

---

① 菲奥娜·默里（Fiona Murray），麻省理工学院斯隆管理学院创新与包容性副院长，是威廉波特（William Porter）创业学教授，她同时还是麻省理工学院创新计划（MITii）的联合主任，同时兼任该校列格坦中心主任。

吸引了 MIT 的数千名学生修读。该中心还协助成立了 20 多个学生创业俱乐部。MIT 各学院各系的学生创业网络不断完善，参与的学生不断增加，创业环境不断提升，创业投资不断增加。调查也表明，这种成长与 MIT 提供的创业教育有直接的关系。

2010 年起，由 MIT 时任副校长伊斯雷尔·鲁伊斯（Israel Ruiz）负责启动了肯德尔广场计划（Kendall Square Initiative），与所在区域的社区和政府开展深度合作，将肯德尔广场建设为包括酒店、实验室、研究性空间、商业配套、众创空间、MIT 博物馆等的具有多样性和充满创新活力的创业社区。如今，肯德尔广场已是全球科技创业，特别是生物科技创业最密集的地方。2019 年 12 月，MIT 校长 Rafael Reif 在告知全体师生执行副校长兼财务主管（executive vice president and treasurer，EVPT）Israel Ruiz 离职的信中，高度评价了这位副校长在 MIT 创新创业上的卓越贡献。他提到，在过去十年中，Israel Ruiz 大力推动了几个重要的创新创业计划，诸如 MIT 肯德尔广场计划（MIT Kendall Square Initiative）、MITx、edX 和引擎计划（The Engine）。

2013 年 10 月，MIT 校长 Rafael Reif 要求全校上下再接再厉，继续充当全球最强大的创新创业引擎。于是，2014 年起，MIT 启动全校性的创新计划（MIT innovation initiative，MITii），由工学院和斯隆管理学院的创新副院长共同担任 MITii 的主任。该计划负责整合协调 MIT 的创新创业教育，包括开设面向全校的创新创业辅修双学位项目等。

各种形式的课程、平台以及丰富多彩的创新创业活动给 MIT 的学生和教师提供了一系列的创新创业支持。在这样的设计下，学生和教师们不同规模和形式的创业活动都会得到 MIT 的实质性帮助，包括对从小型创业团队到跨国型创业企业团队的支持，也包括对营利性创业和非营利性社会创业的支持。按照 MIT 的统计，目前学校提供的创新创业资源超过 200 种。相对于整体较小的办学规模（按照 2019—2020 学年统计，MIT 学生共 11520 人，其中本科生 4530 人，研究生 6990 人，教师1067 人，其他职员类师资 948 人），MIT 有如此庞大数量的创新创业资源，可见其对创新创业的重视。这些资源的合理配置，加上校外的资源，两者协同，便构成了 MIT 的创新创业生态体系（ecosystem）。

如今，MIT 校友、教职员、学生参与的创业企业已经遍布全球，且既有数量庞大的中小型企业，也有世界级的科技巨型企业，其中不乏新兴产业的开创者和领导者。

2. MIT 创新创业生态体系

Edward Roberts 和查尔斯·埃斯利（Charles Eesley）[1] 认为创业生态体系（entrepreneurial ecosystem）是由多种形式的创业教育、创业研究和创业社会网络机构及现象等组成的，对卓有成效的创业成果有至关重要的贡献。同时，他们认为文化也是创业生态体系的重要内容。例如，MIT 的创新创业体系就是根植于其"知与行"的校训。

如前所述，MIT 取得了如此骄人的创新创业成绩，那么它的创新创业生态体系是怎样的？体系中各个要素是如何进行交互协同来不断提升创新创业的效率和有效性的？要回答这样的问题，就要从 MIT 现有的 200 多种创新创业资源、超过百门的学分课程和非学分课程、20 多个学生创业社团，以及全球创新创业网络和种类繁多的计划中清晰刻画出生态体系的架构，这并非

---

[1] Charles Eesley，MIT 斯隆管理学院博士，斯坦福大学管理科学与工程系副教授。他是斯坦福技术创业计划（Stanford Technology Ventures Program，简称 STVP）的主要成员，其主要研究方向为高增长的技术创业中制度和大学的作用。

易事。为此，在大量的实地走访、调研和亲身参与的基础上，编者绘制了如图 2-1 所示的 MIT 创新创业生态体系的发展与建设情况。

从图 2-1 可见，MIT 的创新创业生态体系历经了长时间的发展和积累，形成了要素完整、互相支撑并贯穿 MIT 教学、科研和人才培养的以技术创新驱动的创新创业生态体系。而 MIT 也因此建设成了全世界最顶尖的创业型大学，成为全球最具影响力的创新引擎。同时，也可以看出，MIT 的创新创业发展不仅是 MIT 内部参与，还有企业、政府等的支持与深度参与。因此有学者将 MIT 的创新创业生态体系归纳为学校－产业－政府的"三螺旋"（triple helix）模型。不过，MIT 创新计划主任 Fiona Murray 教授等则认为这个模型应该更丰富，并提出了 MIT 创新创业生态体系的五个利益相关者，如图 2-2 所示。此模型中的五个利益相关者分别是创业者、风险资本、公司、政府和大学，这些利益相关者对于搭建成功的创新创业生态体系至关重要。当然，这并不是说生态体系中只有这五个参与者，还有如 NGO（非政府组织）、外部商业加速器等其他参与者，这个生态也因此更具活力。这个模型很好地解释了加州硅谷、麻州肯德尔等创新创业高地的生态体系构成和成功要素。

尽管五个相关者模型非常好地解释了创新创业生态体系本身，但是从学校开展创新创业的实际出发，该模型还是太过宏观。为此，本书从学校开展创新创业的视角出发，并且为了更加深入地了解这个系统在学校的运作，通过对 MIT 的创新创业关键资源的调研，归纳了如图 2-3 所示的 MIT 创新创业生态体系模型。

MIT创新创业生态体系发展历程

MIT 企业论坛
AR&D基金
校企合作计划/ILP (the Technology Plan) / the MIT Industrial Liaison Program
《高科技企业的创办与经营》
Zero Stage Capital
Route 128
国防需要
专利版权与许可办公室/技术许可办公室(TLO)
校友创业研讨
银行和投资人
MIT创业中心
Media Lab
E-Lab
G-Lab
创业诊断 Start-up Clinic
创业方向硕士(NPV) New Product & Venture Development Track
创业培训EDP
MIT $100K
IDEAS
i-Team
媒体创业 Media Ventures
开发创业 Development Ventures
成像技术创业 Media Ventures
创业导师服务(VMS)
能源创业 Energy Ventures
能源战略 Energy Strategies
the X-Prize
神经技术创业 Neuro-Technology Ventures
Legatum 中心
Deshpande中心
MBA E&I方向
edX
MassChallenge
关联数据创业 Linked-Data Ventures
G-ELP
REAP
内部教师
创业能力培训 Mobius
创业学分课程 60+
创新创业辅修学位
DesignX
MIT innovation initiative MITii
Project Manus
SandBox
The Engine
E&I hub
Kendall Square
Proto Ventures Program
THE ENGINE Built by MIT

1861 1930's 1940's 1945 1946 1950's 1969 1978 1980's 1982 1985 1990 1994 2000 2000's 2002 2007 2008 2010 2011 2012 2014 2015 2016 2019

图 2-1　MIT 创新创业生态体系的发展与建设情况

*图中有些成立时间待考，MIT创业类社团超过20个，未列入图中。
*附图线仅表示大致先后顺序，非等间隔。

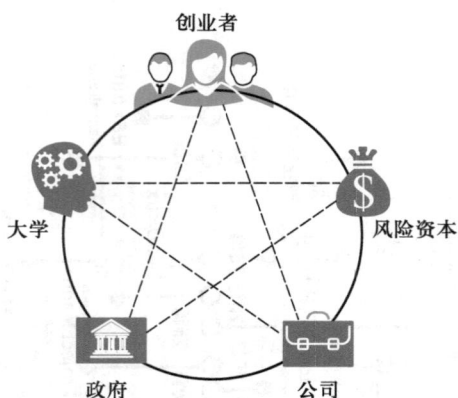

图2-2　MIT 创新创业生态体系的五个相关者

[资料来源：由菲尔·巴登（Phil Budden）和菲奥娜·默里（Fiona Murray）撰写并于 2019 年出版的《从 MIT 模式看创新生态体系中的五个相关者》]

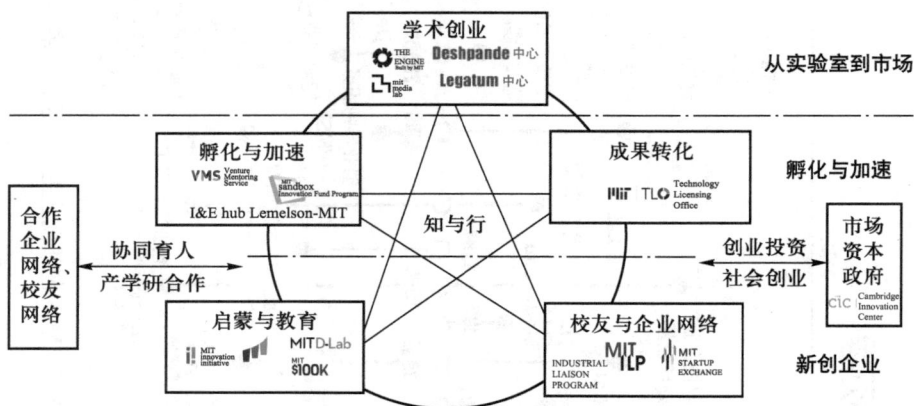

图2-3　MIT 创新创业生态体系模型

　　这个生态体系对内联通了教学、科研和实践，对外将校内外的创新创业资源联通交互，建立了开放式的创新创业生态体系。一方面，这个体系在横向上是从创新创业的启蒙、产生创意、制作原型机、形成商业计划到建立企业和加速发展等创新创业全流程的教育、支持和孵化体系。另一方面，该系统在纵向上以学科融合、产学研协同、理论与实际相结合打通各环节，持续提升系统中各要素的效率和有效性。

在学生培养上，MIT 采取了以下措施：

①以 MIT 创新计划（MITii）协同所有学院开展创新创业教育和支持。

②设立支持创意萌发和发明的莱梅尔森－麻省理工（Lemelson-MIT）计划。

③设立培养创客的手动项目（Project Manus）[①]，建立了 MIT 整个创客体系。

④开设跨学科专创融合的创业课程和支持实践的 MIT 创业中心、列格坦发展与创业中心（the Legatum Center for Development and Entrepreneurship，简称"列格坦中心"）、发展实验室（D-Lab）、全球创业实验室（G-Lab）和媒体实验室（Media Lab）创业计划等，同时开设了创新创业辅修学位、MBA 创新创业方向等教育项目。MIT 创业中心总结了创业培养的四方面重要知识，称为 4H（the 4H's，即 heart、head、hand、home），并按照学生的学习进程和创业的规律，建立起一个以学生为中心的完善的创新创业教育与支持体系。（D-Lab）旨在解决人类社会面临的贫穷、发展不均衡等社会问题，开设超过 20 门课程，组织学生在全球超过 25 个国家和地区实地学习并开展社会创业项目。

⑤开展创业孵化与加速，如 MIT100K、IDEAS 和能源挑战赛等创新创业竞赛；为学生提供种子基金的沙箱创新基金计划（the Sandbox Innovation-Fund Program），简称"沙箱计划"（Sandbox Program）；为创业团队设立"德尔塔（Delta）v""设计 X"等加速器；提供全面指导服务的创业指导服务（venture mentoring service，VMS），提供 170 多位经过精心挑选且训练有素的创业导师。如此，MIT 为学生建立起整个创新创业价值链上

[①] Project Manus，MIT 的校训是知与行，其拉丁文是 Mens et Manus，Project Manus 中的 Manus 就是取自拉丁文校训中的"行"。

的教育和支持辅导体系。

在学术创业上，创新创业旨在将 MIT 实验室的前沿技术带向市场，将 MIT 的技术和人才在全球部署实施，以产生广泛和深远的影响力。为此，MIT 的创新创业体系提供以下支持：

①与创新创业教育结合的德什潘德技术创新中心（the Deshpande Center for Technological Innovation Fund），简称"德什潘德中心"，支持教师早期的科研创意；

②面向未来"黑科技"创业的媒体实验室，以支持技术成果形成全球影响力；

③面向以技术创新解决人类面临的贫穷、环境、能源等重大挑战而开展社会创业的列格坦中心；

④支持 MIT 研究人员解决全球性重大挑战，开展"硬科技"创业的"引擎计划（The Engine）"，通过资金（The Engine fund）、基础架构（The Engine infrastructure）和合作网络（The Engine network）三驾马车，为硬科技创业加速进入市场铺平道路；

⑤提供创业指导的"创业指导服务"（VMS），其导师池中 170 名导师为学术创业提供指导；

⑥对 MIT 形成的技术进行评估、保护和许可的技术许可办公室（the Technology Licensing Office，TLO）。对于初创企业，技术许可办公室通常不要求其支付技术许可费用，而是选择持有少量初创企业股权（通常少于 5%）。通过与教师、企业家以及风险投资家的积极互动，技术许可办公室成为了 MIT 创业生态系统的重要参与者。

在与外部资源的合作与协同上，MIT 将创新创业生态体系中外部的合作企业网络、创业与投资网络、校友和政府等融入 MIT 创新创业教育与实践中。许多卓有成就的创业者、企业家和投资人充实到创新创业师资中，成为各种形式的实践教员和导师，与学术师资共同开设富有特色的融合理论与务实的创新创业课程。许多与 MIT 合作的投资基金也为 MIT 的创业提供了融资的便利。MIT 的技术许可办公室是该校技术成果与创业和创业者对接的桥梁。有着悠久历史的 MIT 产业联盟（Industrial Liaison Program，ILP）维护着庞大的高质量产业合作伙伴。目前，ILP 专设的"新创联盟"（Startup Exchange）维护着超过 1800 家使用 MIT 技术许可的初创企业。MIT 的企业论坛将创业校友和学校紧密联系在一起。而作为全球创新创业的领导者，MIT 与区域内和全球政府开展深入合作。例如，与学校所在地剑桥市合作启动的肯德尔广场计划正是这种合作的典范，成就了以生物医药科技为主的全球创业高地。剑桥创新中心（Cambridge Innovation Center，CIC）就处于该处腹地，提供空间、孵化、加速等完整的创业支持。MIT 在美国及全球也建立了各种合作项目，例如在中国香港建设了 MIT 香港创新节点。

MIT 创新创业教育项目与师资
——跨学科整合与专创融合

1. MIT 创新创业教育项目

（1）本科创新创业辅修双学位

MIT 创新计划的一个重要举措就是开设了创新创业辅修双学位（entrepreneurship & innovation minor，E&I minor）。该辅修双学位面向全校所有学院的本科生开设，旨在通过知识、技能的传授，培养学生发现现实世界中的问题并提出创新解决方案的能力，培养创新经济的领导者。这些学生的培养面向自主创业者、创始团队的主要发起人或大型组织的主要领导者。

创新创业辅修双学位的培养方案包括五门课程。如图 3-1 所示，该培养方案包括两门基础课："工程创新"和"创业工程"；三类选修课，每类课程学生至少选修一门。这三类课程包括创新创业情境类课程、创新创业团队和组织领导力类课程和创新创业实操类课程。在创新创业实操类课程中，学生需要完成一个动手项目，在此项目中，他们可以将自己所学的技能应用到实践中。

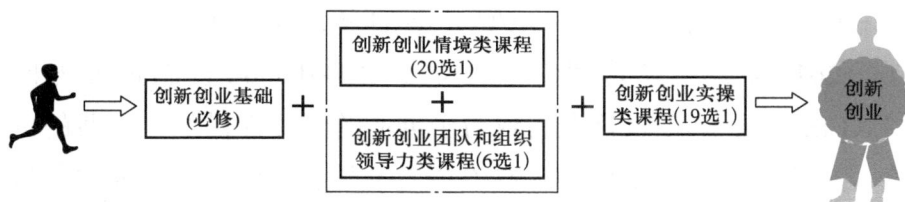

图 3-1　MIT 创新创业辅修双学位培养计划

（2）斯隆管理学院创新创业方向

1994 年，斯隆管理学院启动了一系列"小方向"(mini tracks)，包括技术创新与创业（Technological Innovation & Entrepreneurship，TIE）和新产品与创业（the New Product & Venture Development Track，NPVD）。NPVD 常被简称为"创业方向"（Entrepreneurship Track），后被创新创业方向（Entrepreneurship & Innovation Track）取代。

该教学项目培养方案如图 3-2 所示，包括三个部分：创新创业基础必修课、产品级别课程选修课和创新创业实操课。其中产品级别课程指的是聚焦在具体领域的创新创业课程，如"媒体创业""大健康创业""产品设计与开发"等 35 门课程，只要任选一门课程即可。创新创业实操则要求学生至少要认真参与一项创业活动，可选择参与 MIT100K、MIT 清洁能源奖、德尔塔 v 等；或获得列格坦中心奖学金或种子基金、沙箱创新基金、Tata 奖学金等；抑或是参与 MIT100K、MIT 清洁能源奖的组织管理（有利益冲突的除外）。

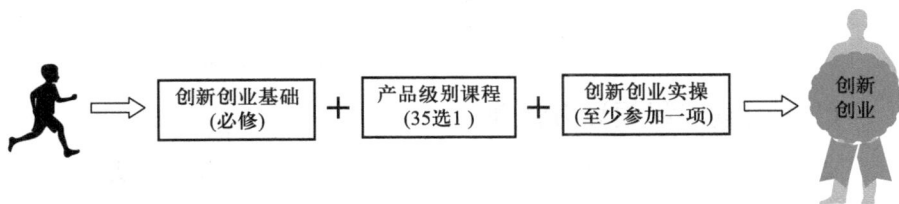

图 3-2　斯隆管理学院创新创业方向

（3）斯隆管理学院 MBA/Fellow 创新创业方向

2016 年，斯隆管理学院设立了 MBA/Fellow 创新创业方向（E&I track）。该项目旨在为致力于创业的学生提供学习实践的机会。完成该项目的学生中，有不少人不是被雇佣，而是成立了自己的企业。在该项目中，学生以团队形式学习，基础课程中包含硅谷游学等课程。学生还可以选修其他三门被认可的 MIT 或哈佛大学研究生课程。在学习过程中，学生与其他学科的教职员工一起进行跨学科、跨校际的工作，开展团队合作、激发创意并形成新产品和新公司。

MBA/Fellow 创新创业方向的培养方案如图 3-3 所示，包括：创新创业基础必修课程 4 门；公司级别课程 5 门中任选 1 门；产品级别课程 8 门中任选 1 门；24 门选修课中任选 1 门并至少参加一项创新创业实操。创新创业实操可以是参与 MIT Fuse、德尔塔 v、设计 X、创建新企业；或获得列格坦中心奖学金或种子基金、Tata 中心的研究生奖学金、沙箱创新基金（1 万美元以上）；或参加 MIT100K（必须进入到春季启动阶段）、MIT 清洁能源奖的评选；或担任 MIT100K、MIT 清洁能源奖的管理主任。

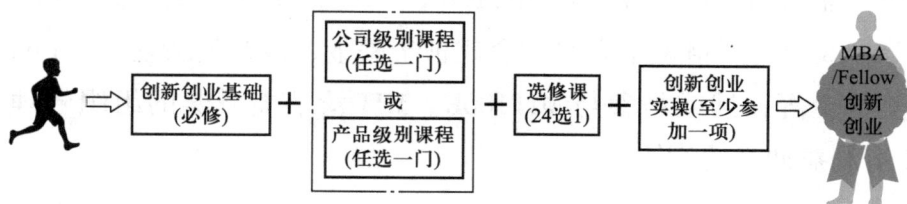

图 3-3　MBA/Fellow 创新创业方向培养方案

（4）戈登工程领导力计划

2007 年，戈登基金会给 MIT 工程学院捐赠 2000 万美元（这是 MIT 工程学院收到的为课程开发而捐赠的最大款项）设立

GEL（The Bernard M. Gordon-MIT engineering leadership program, GEL），该项目旨在培养工科学生的领导力和沟通技能，显著提高产品开发能力，培养工程实践和开发领域的未来领导者。该计划还为在工业领域工作的职业初期和中期专业人员提供专业发展课程。

　　GEL 提供的工程领导力培养方案主要包含如图 3-4 所示的三个方面。①工程场景实践（engineering scenario practice）。GEL 的工程领导力实验室（engineering leadership lab, 简称 ELL）提供了一个"实践域"，它是学生领导能力发展的核心。该实验室让学生在沉浸式学习中挑战自己的心理预设，并培养他们的领导力。来自工程实践领域的工程师经常充当角色扮演

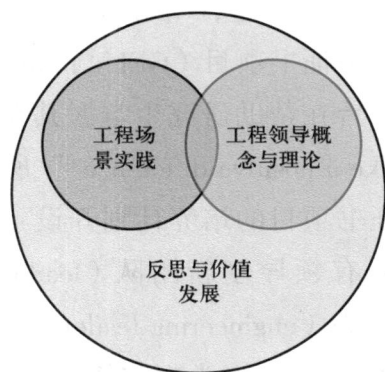

图 3-4　GEL 工程领导力培养的三个方面

者，分享现实世界的经验以激发讨论。②工程领导概念与理论（engineering leadership concepts & theory）。GEL 给学生提供机会学习领导理论的基础知识以及特定主题（如道德决策、项目管理和系统思维）的工具和框架。③反思与价值发展（reflection and values development）。GEL 在课堂内外都引导学生对自己的工作和表现不断进行反思和自我评估以持续改进，且特别鼓励学生拥有（并不断挑战）个人的核心价值。

　　在本科生计划中，GEL 为入选的 MIT 工程专业学生提供具有挑战性和支持性的环境，培养他们的领导才能，从而帮助他们成为工程团队的高效领导者。每年大约有 175 名大三和大四学生申请该计划。学生通过参加本科实践机会计划（undergraduate practice opportunities program，简称 UPOP）入选 GEL，或凭借在学术或工业项目中的实践经历入选。该计划分两部分：通常第一年（GEL1）的安排是向学生介绍工程领导经验和发展，约有 120 名学生参加；第二年（GEL2）则是高度个性化的领导力发展计划，其中包括领导力实践的机会以及与行业领导者、员工和同行进行深入互动，一般仅有 30~35 名学生入选。完成 GEL1 和 GEL2 的学生分别获得相应的证书。

2020 年起，GEL 将该计划推广至研究生，设立 GEL 未来领导力证书项目（GEL's future leadership certificate program）。该项目旨在帮助研究生掌握其在职业生涯中能够"产生积极影响（make a positive difference）"所需的技能。为此，GEL 未来领导力证书项目的培养计划开设了系列课程和工作坊，其中包括的课程有领导创新团队（leading creative teams）、AI 时代的工程领导力（engineering leadership in the age of artificial intelligence）、技术领导者的谈判与影响力技巧（negotiation & influence skills for technical leaders）和技术领导者的多方利益相关者谈判（multi-stakeholder negotiation for technical leaders）。

Gordon 工程领导力计划如表 3-1 所示。

表 3-1　戈登工程领导力计划

Gordon 工程领导力计划（GEL）	模块	内容
本科生计划	GEL1	向学生介绍工程领导经验和发展
	GEL2	高度个性化的领导力发展计划，其中包括领导力实践的机会以及与行业领导者、员工和同行进行深入互动
研究生计划（GEL 未来领导力证书项目）	核心课程	领导创新团队 AI 时代的工程领导力 技术领导者的谈判与影响力技巧 技术领导者的多方利益相关者谈判

（5）NEET 与 MITii 联合学程项目 iNEET

2019 年，MIT 新工科教育转型项目提出要达成 NEET（new engineering education transformation）与 MIT 创新计划（MITii）的合作，让新工科的学生和创业项目的学生混合上课，完成项目学习。该联合项目由 MIT 新工科教育转型委员会主席爱德华·克劳利（Edward Crawley）[1]教授领衔，施亮星负责联合项目的设计并起草建议书，并被命名为 iNEET。图 3-5 所示为该项目的运作逻辑。目前双方已经同意该项目的设计和建议，正在论证培养细节。

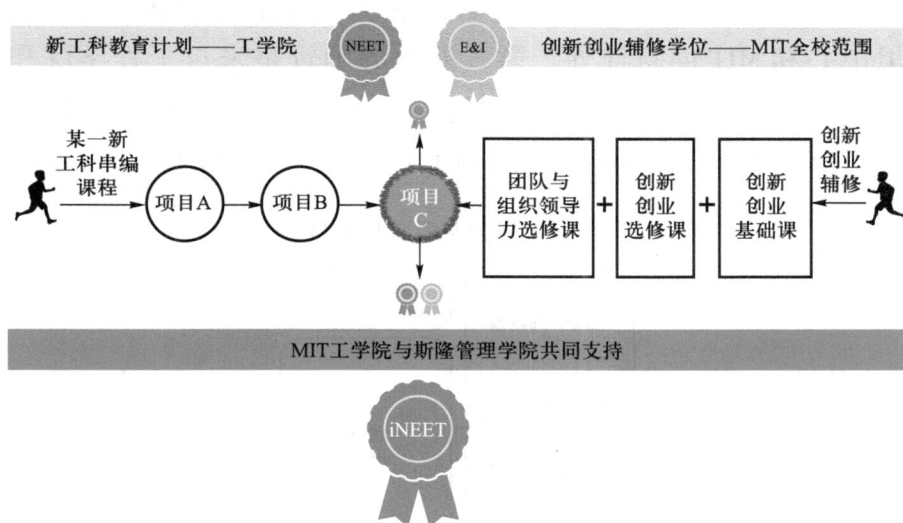

图 3-5　NEET 和 MITii 联合项目 iNEET

2. MIT 创新创业师资与人员

（1）创新创业学科基础师资

MIT 创业中心依托的是斯隆管理学院，但其师资的构成

---

[1] 爱德华·克劳利（Edward Crawley），美国国家工程院院士，麻省理工学院福特教授，麻省理工学院新工科教育转型计划（NEET）委员会主席，曾任麻省理工学院戈登工程领导力计划（the Gordon Engineering Leadership Program）的联合主任。2011 年当选为中国工程院外籍院士，曾获得中国政府友谊奖。

却整合了全校的力量，如图3-6所示。第一方面的师资是来自斯隆管理学院的18位教授，其中主要来自该院技术创新、创业与战略管理团队（TIES）。目前，技术创新、创业与战略管理团队有教职（faculty）13人，这13位教授有不同的背景，包括创业、技术管理、运营、金融、战略和管理。实践系列的师资包括实践教授（professor in practice）及高级讲师（senior lecture）7人。技术创新、创业与战略管理团队的师资又同时隶属（affiliate）于MIT一些主要的创新创业机构，例如MIT创业中心、区域创业加速项目（REAP）、列格坦中心和MIT创新计划。第二方面的师资是来自工程学院和建筑学院的教职，按照MIT创业中心的统计，其规模有19人。第三方面的师资是MIT创业中心的35位讲师（lecture）。

MIT创新创业师资与人员

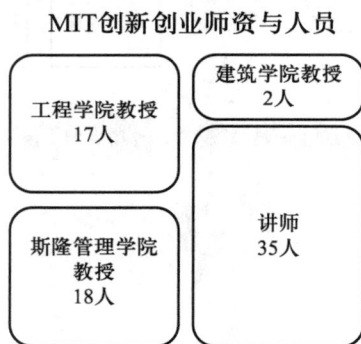

图3-6 MIT 创业中心师资

MIT创新创业教育一个成功的师资配置就是实践系列师资的设立。按照MIT的人事规定，MIT这类人员的比例是教职的5%~10%，典型的教职头衔是实践教授/副教授（professor/associate professor of practice）、讲师（lecture）、高级讲师（senior lecture）等。例如，MIT创业中心执行主任就是实践教授。实践系列师资是MIT创新创业教育中非常重要的一个群体。Edward

Roberts 在 MIT 创业中心取得成功时指出，许多实践背景的师资以讲师、高级讲师和兼职实践系列的教育者（part-time practitioner educator）的身份开设课程，并与学术教师合作开课。这种引入实践系列师资的做法就是 MIT 创业中心的双轨制师资（dual-track faculty）模式。实践证明，这个双轨制的设计非常成功，让 MIT 的高水平学术师资与成功的企业家、创业者和投资人珠联璧合，在实践与学术相互混合的教学中让学生受益，培养未来的创业者。这种双轨制的模式目前为世界许多高校和创业计划所借鉴。

除了创业相关学科背景的师资外，MIT 创新创业教育的另一个显著特征是有工程和技术背景的师资深度参与创新创业教育。例如，Media Lab 创业计划的师资主要是计算机等专业的。

除此之外，MIT 创新创业师资还包括驻场企业家（entrepreneurs in residence，EIRs）、创业导师（professional advisors）、驻场设计师（designers in residence）。驻场企业家是经验丰富的专业人士，曾在众多初创公司工作过，并希望与 MIT 学生分享这种经验。驻场企业家专注于对有抱负的创业团队成员进行创业方面的教育、指导和辅导。学生可以申请与驻场企业家会面求教。MIT 创业中心有 66 位创业导师，D-Lab 则设有驻场设计师。例如，天津大学的校友周雄伟有 20 多年的中国、日本和美国的跨文化学习工作经历，且具有丰富的创投经历，是波士顿天使投资的创始人，被聘为 MIT 创业中心的创业导师。

考虑到不同行业的创业有其特殊性，为了能够更精准地支持 MIT 学生创业，MIT 创业中心设立了行业实践领导者（sector practice leaders，SPL），以弥补宽泛的创新创业教育在特定行业创业中碰到挑战时缺乏特定知识的不足。创业中心通过竞争性选拔，挑选符合资格的学生（多为有特定行业丰富实践经验的 MBA 或 EMBA 学生）作为行业实践领导者，并以提高班、学生社团、年会、商业计划书竞赛、黑客马拉松以及系列常规的交流和讲座等形式开展指导活动。目前指导活动的行业实践领导者涉及的行业包括金融科技（finanical technology，简称 fin tech）、教育科技（education technology，简称 ed tech）、大健康、未来工作（future of work）、AI/ML。例如，目前负责教育科技的行业实践领导者是二年级的 EMBA 学生理查德·王（Richard Wang），他本人就是一家名为编程道场（Coding Dojo）的教育科技公司的 CEO（首席执行官）。

（2）计划、项目、实验室等的教学科研与行政团队构成

除以上的师资配置外，从以学生为中心的角度出发，为帮助学生团队将创意变成有影响力的产品和服务，MIT 的各种创新创业资源还形成了结构合理的师资、行政和教辅团队。以 D-Lab 为例，我们可以窥见 MIT 相关计划、项目、实验室的人员配置情况。从 D-Lab 的介绍中可见，该实验室的人员构成包括员工、管理团队、教职与讲师、研究人员、创新实践师资以及创业者。其中，各类人员的构成和主要岗位设置如表 3-2 所示。尽管各个实验室或计划的人员配置有所不同，但是大致的思路类似，一方面体现了对教职的最大化利用，配有强大的学术性职员（academic staff）和行政人员，另一方面注重学生的参与（助理岗位）。这样，才使得其所设计的课程目标在合理的人员配置下得以高质量推进。

表 3-2　D-Lab 人员配置

人员类型	人数	主要岗位设置	说明
员工（staff）	31	宣传总监（communications officer） 项目开发总监（program development officer） 行政总监（administrative officer） 社会创业总监（social entrepreneurship manager） 创新生态系统经理（innovation ecosystems manager） 高级项目经理（senior program manager） 全球培训经理（global trainings manager） 商务经理（inclusive business manager） MEL 助理（monitoring, evaluation & learning associate） 研究助理（research associate） 高级项目助理（senior program associate） 人道创新项目协调员（humanitarian innovation program coordinator） ……	包括管理团队
管理团队（leadership）	7	创始主任（founding director） 执行主任（executive director） 创新实践 MEL 经理（MEL manager & associate director for innovation practice） 研究主任（faculty director for research） 研究助理主任（associate director for research） 学术主任（faculty director for academics） 学术项目经理（academic program manager）	
教职与讲师（faculty& instructors）	27	教授（professor） 各项目指导教师（instructor） 研讨会经理、技术指导教师（workshop manager, technical instructor） 讲师（lecturer） 研究科学家（research scientist） 人道创新专家（humanitarian innovation specialist） 研究工程师（research engineer）	与各类人员有交叉

续表

人员类型	人数	主要岗位设置	说明
研究人员（research）	14	教授（professor） 博士后（postdoctoral researcher） 实习研究员（research intern） 访问研究员（research affiliate） 工程师（research engineer）	与各类人员有交叉
创新实践师资（innovation practice）	12	项目导师（program advisor）	与各类人员有交叉
创业者（scale-ups fellow）	各年不一	scale-ups fellow	

（3）课程教学指导团队构成

以课程"产品工程过程"（课号：2.009）为例，课程的教学团队非常庞大，包括1位课程指导教师（course instrctor）、5位助教（teaching assistant，简称TA）、10位实验室指导（lab instructor）、7位沟通指导（commuication instructor）、4位技术指导（technical instructor）、30多位导师、1位行政助理、2位媒体协调员、1位 MetaYoda[①] 和2位图书管理员。该课程面向本科生开设，学时要求为3-3-6（每周3小时课程学习、3小时实验室工作、6小时课外工作），由15~20个学生组成大型团队开展项目式学习，以设计和构建新产品的 alpha 原型。该课程每年都有一个广泛的主题，可以作为新产品开发的起点。

---

① 在这门课程中，每个团队都会有两个 team yoda 的角色，负责促进团队内的平衡和成员的参与度，以发挥出大家的最大潜力。而 meta yoda 则负责对 team yoda 进行工作内容、方法和技巧的培训，以及指导 team yoda 解决面临的各种挑战和问题，可以理解为是 team yoda 的教练，meta yoda 会定期与 team yoda 会面。

MIT 创新创业课堂：
从行动学习到行动
——把读书的幸福感带给学生

1. 创新创业课程开设沿革

MIT 创新创业课程一开始只开设一门，可追溯至"高科技企业的创办与经营"，这是 MIT 开设的第一门创业课程。此后，各种创业课程不断开设。据 Edward Roberts 统计，到 2001 年时，MIT 注册创新创业课程的学生从最初的 25 人迅速增长至超过 1500 人，而到 2015 年，开设课程 47 门，选课的学生超过 2500 人。据 MIT 最新统计，在 2019—2020 学年，MIT 各院系共开设了 80 多门创业课程，涉及各种创业主题，吸引了数千名学生修读。

早期，MIT 开设的创业课程包括两类：一类是由 MIT 终身轨制（tenure track）教师开设的面向博士生的学术类课程（academic classes）；另一类是由具有成功实践经验的创业者和投资人开设的实践类课程（practitioner classes）。学术类的创业课程包括"设计与领导创业组织"（Designing & Leading the Entrepreneurial Organization）、"创业金融"（Entrepreneurial Finance）、"技术创新与创业"（Technology Innovation and Entrepreneurship，简称 TIE）、"公司创业"（Corporate Entrepreneurship）、"软件商业"（the Software Business）、"生物医学商业战略决策"（Strategic Decision-Making in the Biomedical Business）、"无国界创业"（Entrepreneurship Without Borders）和"电信竞争"（Competition in Telecommunications）等。实践类课程通常是请专家分享他们在现实中积累的真知灼见，尤其是那些缺乏学术理论支持的创业知识。"新企业"（New Enterprises）是第一门此类课程，该课程为成立新公司的业务计划提供相关实践知识。还有如"技术销售与销售管理"（Technology Sales and Sales Management）、"早期资本"（Early Stage Capital）和"在十字路口的 CEO 们"（CEOs at the Crossroads）等实践类课程。此外，"社会创业"（Social Entrepreneurship）与"发展创业"（Developmental Entrepreneurship）则是由两名实践教师开设的课程。

当然，这两类课程对于创新创业教育而言各有优劣。师生们很快发现太学术的课程容易脱离创业的实践，太过于实践化的经验知识容易失去严谨的探讨和系统化的知识。因此，MIT 在这样的课程教学实践中逐渐探索出了发挥两者优势的课程类型，即集成学术类和实践类师资的双轨制课程（dual-track classes）。这种开课形式广泛见于 MIT 各个创新创业项目和计划之中，除学生受益外，两类师资也有了非常有效的相互学习与借鉴的机会。

MIT 创新创业课程开设的成功经验，一方面是双轨制课程的安排，另一方面则是学生的学习方式和学习形式的创新。团队式学习、混合式团队式学习、行动学习、做中学、项目式学习等探索让 MIT 创新创业教育的光芒更加璀璨。混合团队项目课程（mixed-team project classes）是从 MIT 设立创业项目以来就采用的一种新的教学形式。不同专业背景的学生组成团队，在现实的环境中解决真实问题。这种学习方式就是所谓的行动学习（action learning）。这种模式被越来越广泛地采用。MIT 最为有名的三个行动学习的课程是"创业实验室"（"E-Lab"）、"全球创业实验室"（"G-Lab"）和"iTeams"。例如，"G-Lab"由开设"无国界创业"的两位教授理查德·洛克（Richard Locke）和西蒙·约翰逊（Simon Johnson）创立，在每年 11 月和 12 月，每个新近组成的团队都会与其所选公司的管理层一起工作，以定义精确的可交付目标，并在校园内开始大量的背景研究。然后，在 MIT 每年 1 月的"开放式"IAP 期间，团队前往世界各地与他们选择的公司合作，进行为期三周的"团队实习"项目。该项目在 2 月和 3 月完成，并且需要通过公司和课程的评估。而诸如"iTeams"课程，则是将行动学习延伸到教师的科研中，让学生团队与专业教师合作开展技术商业化工作。

2. 创新创业课程开设情况

目前，按照 MIT 创业中心的统计，该校纳入培养计划的各层次创新创业课程共 85 门。但是从 MIT 不同口径查询的结果也不尽相同，例如，利用 MIT 的创新创业一站式服务 ORBIT 查询秋季学期开设的创新创业课程共有 105 门，而从 MIT 注册办公室系统按照关键字查询则有 99 门。如按照 99 门这个课程规模统计，有超过 84 位师资参与授课，其中面向本科生的课程 20 门，面向研究生的课程 79 门。开设课程的学院主要是管理、工程、建筑、计算机等。因为学科的关系，创新创业课程开设量最多的是斯隆管理学院，有 59 门，其次是建筑和工程学院。MIT 各专业开设创新创业课程情况如图 4-1 所示。当然，这些开设的课程面向全校六个学院的所有学生。此外，各学院设立了相应的创新创业计划。以工程学院为例，其就启动了若干此类计划，如全球运营领导（leaders for global operations，1988）、与管理学院合作的系统设计与管理（system design and management，1997）、德什潘德中心（2001）、戈登工程领导力计划（the Bernard M. Gordon-MIT engineering leadership program，2008）、沙箱计划（Sandbox Program）以及新工科计划（new engineering education transformation program，2017）。这些项目更加有利于将专业教育与创新创业教育融合，让创新创业课程开设的效率和有效性显著提升。

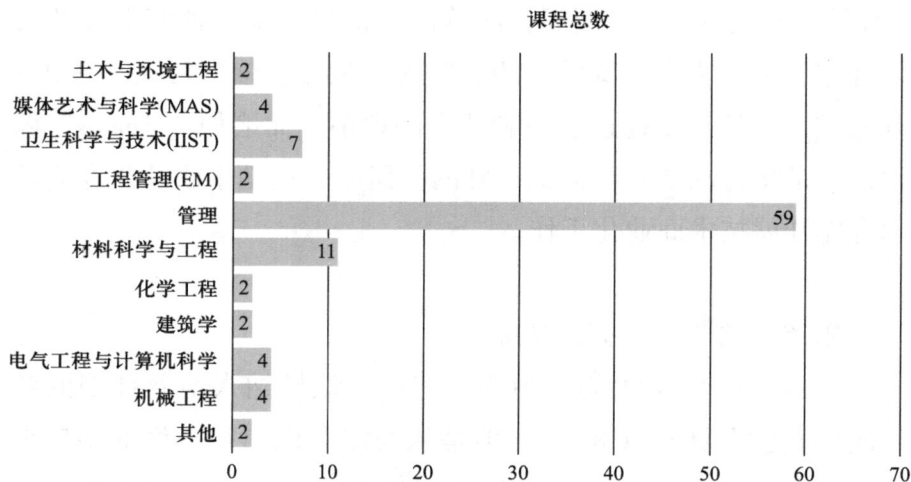

图 4-1　MIT 各专业开设创新创业课程情况

从开课情况看，MIT 创新创业课程从设计的内容上看主要涉及以下几个方面：

（1）创新创业基础类课程。这类课程属于创新创业普及教育类的课程，包括创业、社会创业、技术管理、运营、金融、战略、市场、法律、知识产权等，如"新企业"（15.390）、"创业金融与风险资本"（15.431）、"领导创新团队"（6.928）、"面向影响力创新"（15.385）、"专利、版权与知识产权法律"（6.903）、"商业法律"（15.615）等。

（2）**创新创业技能培养类课程**。这类课程包括涉及设计、建造、销售、市场等相关知识的课程，如"设计概论"（2.00）、"产品工程过程"（2.009）、"创造"（15.351）、"创业谈判"（11.159）、"创业销售"（15.387）、"发展创业"（EC.731）、"如何改变世界：从社会创业者的视角"（SP.251）、"创业、创新、创办企业与法律"（15.618）等。

（3）**专创融合类课程**。这类课程通常面向特殊领域的产业，如健康、金融科技、区块链、房地产技术、生物科技等。这类课程有"医疗设备设计"（6.525）、"建设与房产开发创业"（11.345）、"药品开发的实践与原则"（15.136）、"工程设计思维与创新领导力"（16.662）、"能源创业"（15.366）、"金融科技创业"（15.497）、"媒体创业"、"成像技术创业"等。

（4）**行动学习类课程**。此类课程通常需要到企业、田野进行项目式学习。上述许多课程亦属于此类。其中典型代表如"E-Lab"（15.399）、"发展创业"（EC.731）等。

3. 创新创业课程教学模式

从 MIT 创新创业课程的开设情况来看，MIT 创新创业课程除开设的内容系统而广泛之外，课程教学也有着鲜明的特点。主要的特点有：①理论结合实践；②以学生为中心；③多元化学生；④团队学习；⑤专创融合与跨学科协同；⑥项目式行动学习；⑦资金教具化；⑧课程生态化。

理论结合实践源自 MIT 的校训"知与行"（mind and hand）。MIT 对校训的执行是深入骨髓的，不论学术建设、教学项目还是各种工作的设计，首先强调的是如何把握知行合一的校训。创新创业教育更是如此，创新创业的培养就是聚焦将创意和发明带向市场。为此，早在 MIT 创业中心成立之初，开设的创新创业课程就在创造理论结合实践的学习环境。将实践背景的师资和学术背景的师资安排在一起，合作授课。专业教师以严谨的研究来治学，同时他们与实践经验丰富的企业家和投资人互相配合、共同教学，让学生和老师均从中受益。

以学生为中心。MIT 的课程从设计、讲授到安排方方面面都体现以学生为中心的特点。其出发点是帮助学生营造有意义的学习环境，跟他们一起做出有影响力的事情。所以，教学过程不是学生围着老师转，而是老师围着学生转。例如"产品工程过程"，为了帮助学生团队做出有影响力的产出，考虑到学生项目推进的需要，除任课教师外，课程还配有助教、实验指导、技术指导等科学合理的教学和辅导及支持队伍，可参考本书后续章节中对该课程更详细的介绍。上课的过程充满各种挑战且富有趣味性，结课的展示更像是一场盛大的表演，精心布置的场地、特别编制的配乐、提前一年预订的入场券，一切都让学生从内心深处去投入学习，做不一样的事情。按照学生课程评价反馈，平均每周在该课程学习上投入的时间是 24.9 小时，而该课程本身的学时是3-3-6（每周 3 小时课程学习、3 小时实验室工作、6 小时课外工作）。

多元化学生是 MIT 创新创业课程的第三个突出特点。MIT的创新创业课程面向全校开设，许多课程的学生来自不同的专业背景和层次，比如一门课的学生有来自管理、工程、人文等专业的本科生、研究生，还有具备实践经验的 MBA 学生等。一些课程还有包括来自哈佛大学商学院、肯尼迪政府学院、法学院等学院的学生，以及其他如卫斯理大学等附近高校的学生。多元化的背景让课堂的学习讨论具有更加宽广的视角。学生同样得益于相互之间的互动学习。

团队学习。MIT 许多创新创业课程都是以解决问题为导向的课程，学生需要以团队形式开展学习。有些课程如"创业实验室"（"E-Lab"）、"全球创业实验室"（"G-Lab"）等以 5 人左右为团队。而如"产品工程过程"则以 15~20 人为团队。MIT 注重对学生个人及其在小团队、大团队中的工作能力的培养。这在创新创业教育中的体现尤为突出。让学生学会在竞争与合作中开展工作，同时又要在这种情况下有效保护个人、团队的知识产权。例如在"产品工程过程"的课程学习中，一个团队在学习过程中又被安排为两个小团队，而且团队成员学习中的笔记、草稿等文档需要定期提交以证明其贡献和未来可能的知识产权划分。

专创融合与跨学科协同。无论是学术研究还是创业实践都表明，不同学科背景的联合创始人团队会有更好的表现。这个特征也被融入 MIT 的创新创业教育中。这有两方面的设计：一方面是前面提到的学生的多元化；另一方面就是授课教师和课程设计的多学科合作。例如"工程创新：从创意到影响力"是由 Fiona Murray 教授和弗拉基米尔·布洛维奇（Vladimir Bulovic）教授共同开设的，Fiona Murray 是斯隆管理学院教授，而 Vladimir Bulovic 则是工程学院的教授。再如另一门课程"创业工程"由欧赫内·菲茨杰拉德（Eugene Fitzgerald）教授、斯科特·斯特恩（Scott Stern）教授、比尔·奥莱（Bill Aulet）教授和材料科学与工程系的安德烈亚斯·万克尔（Andreas Wankerl）博士共同讲授。Eugene Fitzgerald 是材料科学与工程系教授。Scott Stern 是斯隆管理学院的教授，主要从事创新创业领域经济学（economics of innovation and entrepreneurship）的研究，主要聚焦创业战略、创新驱动创业生态体系和创新政策与管理。Bill Aulet 是斯隆管理学院的实践教授（professor of the practice）、MIT 创业中心的行政主任（managing director）。在这些课程中，来自管理、工程、理科和人文等不同专业背景的学生以团队形式开展学习。这样的教学安排，能让参与的学生团队真正将学科知识整合，按照创新创业的方法和路径学习和实践。

项目式行动学习。创新创业教育天然与实践结合比较密切，似乎大家都认为创新创业是很难照本宣科教出来的。因此，MIT的创新创业课程大量地采用项目式学习。其实就是选取真实的项目去开展学习，这样的学习又跟之前的团队化、专创融合与跨学科协同密切相关，相辅相成。这些项目式学习又可以细分为以下几类：①行动学习（包括进入企业和进入实验室合作学习）。行动学习的核心是边做边学的教学法。学生结合课堂学习，然后运用他们在该领域学到的知识，帮助合作的企业或组织解决面临的业务挑战，同时巩固所学。例如，"E-Lab"课程要求学生和大波士顿地区及全世界的初创企业合作，以团队化（小组）的形式开展学习和工作，聚焦创业早期面临的问题。"媒体创业"则是基于实验室项目的行动学习课程，课程以 Media Lab 内部的创业项目及基于 Media Lab 技术创业的企业为案例来研究，从而了解数字化创新如何推动社会变革。正是在创业教育中成功采用行动学习，MIT 在斯隆管理学院成立了行动学习中心，形成了如图 4-2 所示的 MIT 行动学习模型，提出了行动学习的五个维度的学习目标（learning objectives）：学会领导，在复杂的现实环境中学习，有效的团队合作，梳理并解决问题、培养项目管理技能以及对个人成长和职业发展的启示，并将该教学模式推广至各种课程。②主题式项目学习。课程有特定的主题，例如大健康、数字化支付等，学生团队在教师的指导下结合主题开展项目式学习。例如"产品工程过程"课程每年有特定的主题，团队在主题之下进行创意、设计、原型试制、验证和制定商业计划。③田野学习。学生团队到项目现场工作，解决现实问题的同时完成课程学习。MIT 的 D-Lab 中的许多课程属于此类。例如"发展创业"

课程的目标是帮助发展中国家、新兴市场和服务不足的消费者在各地创立、融资和建立企业。课程让学生直面挑战，为世界上至少 10 亿人口所面临的问题制定持久且经济可行的解决方案。课程学习过程中，学生团队将有机会旅行并到国外现场进行田野调查与工作。④与科研结合的行动学习。早在 MIT 创业中心成立之初，创业中心与德什潘德中心就共同开设了"iTeams"课程，来自管理学院和工程学院的学生组成混合团队开展学习，主要是参与到教师早期的研究中，进行研究转化，并重点制定其商业化方案。这种形式的课程取得了巨大的成功，累计已经孵化出了超过 40 家公司，其中大多数由德什潘德中心和 MIT 创业中心联合开展的"iTeams"课程的学生团队参与支持。受此启发，MIT 开设了许多与教师早期研究相关联的创新创业课程，例如"能源创业""关联数据创业""发展创业"。

图 4-2　MIT 行动学习模型

（action learning model consists of five learning objectives）

资金教具化。在进行项目式学习中，项目的开展通常是有成本的，需要经费的支持，项目工作才可能顺利开展。MIT 在这方面做足了工作。通常，许多项目是由课程、学院、系以及捐赠设立的基金支持的，同时也鼓励学生团队募集资金。例如"医疗设备设计"课程为每个团队提供约 4000 美元的预算用于开发、原型设计和测试项目的解决方案。这些预算可以用于支付的费用包括零件、机修车间服务（必须估算工作成本）、本地差旅等，但不能用于食品开销。"产品工程过程"课程的每个团队有由学校和课程捐赠人提供的 7000 美元预算可用。在"发展创业"的课程学习过程中，部分基金可资助与该课程相关的学生旅行和国外田野调查。此外，MIT 各种创新创业资源中亦有各种资金可申请，例如沙箱创新基金。当课程学习结束后，许多项目可以继续参加 MIT100K、IDEAS 等各种奖金不菲的创业比赛以支持他们继续工作，有前景的项目会得到更多的支持，包括资金的帮助及之后的商业融资。在 MIT 校园内，也经常能看到学生团队在以各种方式进行小额融资去实现他们的创意。

　　课程生态化。这是 MIT 最值得圈点的地方。许多创新创业课程不仅仅作为独立的课程存在，其既与 MIT 创新创业生态体系融合，又与相关的教学科研相关联。许多课程项目式学习的成果会参加 MIT100K 或 IDEAS，不断打磨后又会进入正式的创业阶段，不少创业企业就是这样成长的。例如"医疗设备设计"课程，学生团队遵循结构化的设计过程，实现从概念验证到原型机开发，并形成技术成果和论文。有产生重大影响潜质、具有优秀团队和具备市场的精选项目将延续到春季学期得到进一步研究和实施。课程自 2004 年开设以来，已促进了许多新的研究和合作，并发表了论文、申请了专利，一些项目获得了融资并启动了创业。再如"能源创业"课程，该课程自 2007 年开课以来，至少 12 家公司脱胎于该课程，而该课程的校友创办了超过 25 家公司。每年大约有 6 个学生团队参加该课程学习，以此推算，约 40% 的团队成功创业。而这些课程本身又是 MIT 能源计划（energy initiative）的一部分，如图 4-3 所示，它一方面扎根在该计划中，另一方面又融入 MIT 创新创业生态体系中。

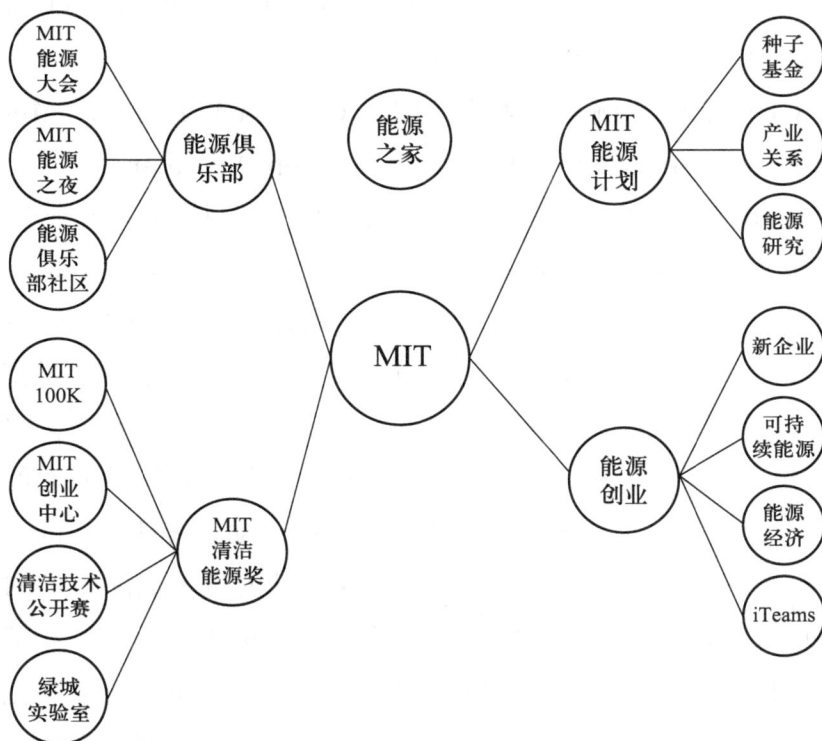

图 4-3　生长在 MIT 创新创业生态体系中的能源创业体系

以上这八个特点可普遍见诸 MIT 的创新创业课程中，这些特点亦非各自独立，而是相辅相成的。因 MIT 的创新创业课程数量众多，无法一一罗列，以下仅以几门典型的课程为例解释 MIT 创新创业课程的开设模式。

4. MIT 创新创业课开设案例

如前所述，MIT 的创新创业课程丰富，相对于其较小的学生规模，其所投入的师资和资源，足以体现 MIT 对于创新创业的高度重视。限于篇幅，无法在此逐一介绍每门课程的详细情况。但为了便于读者对 MIT 的创新创业课程开设情况有更深入的理解，这里整理了九门课程的开设情况，作为 MIT 开设的创新创业课程的案例，从课堂这个学校教育中的核心元素，窥见 MIT 的课堂如何发挥对创新创业强大的推动作用。

（1）课程案例 1：“媒体创业”（Media Ventures—Media Lab Entrepreneurship & Digital Innovations Seminar）

该课程是 Media Lab 创业计划内的旗舰课程。由亚历克斯·彭特兰（Alex Pentland）和约斯特·邦森（Joost Bomsen）两名教师共同授课指导，两人均来自 Media Lab，其中 Alex Pentland 教授是 Media Lab 创业计划的项目主任，他还是目前世界最高被引的计算科学家（computational scientist）之一，《福布斯》将他与拉里·佩奇（Larry Page）一起称为“世界上七位最强大的数据科学家”之一。该课程是基于项目式的行动学习课程（project-oriented "action lab" class），以一个春季讨论班（seminar）的形式面向研究生开设。课程以 Media Lab 内部的创业项目及基于 Media Lab 技术创业的企业为案例进行研究，从而讲解数字化创新如何推动社会变革。研究的案例包括在产品部署和传播方面成功和失败的案例，此外，该课程还针对 Media Lab 中诞生的新技术、新产品，组织探索它们可能的商业模式和市场机会。对于学生团队，通过课程学习，针对创新技术进行讨论，选其中一项创新技术进行商业分析。过去几年，这些分析围绕未来研究、未来出版物和新企业等进行。2020 年，该课程重点关注个人医疗保健、移动交易、新媒体。

学生团队被要求提供如下三个主题之一的报告，并且每两周更新报告：①商业计划书（business plan），针对一项新兴技术或机会制定创业或公司内创业的商业化方案；②战略分析

（strategic analysis），探讨如何利用新兴技术产业变革创办公司并取得最佳的商业实践；③创新路线图（innovation roadmap），探讨产业和技术创新发展的趋势，并分析其主要的创新动态驱动力。

课程的学生包括来自 MAS、斯隆管理学院、哈佛大学商学院、哈佛大学肯尼迪政府学院和其他交叉注册的学生，由此形成了多元化的学习环境。这些课程还引导学生利用 MIT 和哈佛大学附近其他创新创业计划和资源，例如 MIT 创业中心、MIT100K、创业指导服务等。

（2）课程案例 2："工程创新：从创意到影响力"（Engineering Innovation: Moving Ideas to Impact）

该课程（课号 15.359J/6.901J）是 MIT 创新创业本科辅修学位的两个必修课程之一，与"创业工程"（Venture Engineering）课程互相补充。课程以培养未来首席技术官（CTO）的角度开设，专注于"工程创新"，即从机会中形成概念性创意到产生全球性影响力的过程、知识和技术。课程由 Fiona Murray 教授和 Vladimir Bulovic 教授共同开设，Fiona Murray 是 MIT 创新计划（MITii）的主任、斯隆管理学院的创新副院长。而 Vladimir Bulovic 则是工程学院的教授，也是工程学院首任创新副院长。

课程围绕技术开发和商业化的四个关键方面进行教学，包括：①解决方案准备：如何形成方案、评估可行性、取得融资和保护知识产权？一种解决方案何时真正适合市场？解决方案真正准备解决什么问题？②生产准备：如何生产 1 个、10 个、1 万个产品？如何为此获得资金？③团队准备：有效的团队对于有效的工程创新至关重要。需要什么类型和规模的团队？如何建立、准备和管理该团队，以及塑造团队什么样的特质或文化？④利益相关者准备：哪些利益相关者最重要（例如监管者、投资人）？如何出色地管理利益相关者？如何使利益相关者协同参与？

为了保证课程教学的质量，课程力求从互动、实用和相关三个方面设计课程教学计划。在上述四个关键方面内容的教学中，课程将讲授一系列对首席技术官和技术团队的成员（尤其是初创企业）具有特别重要意义的实用工具和技术，包括：①解决方案准备：现金流分析、实验计划（experimentation planning）、能力分析（power analysis）、评估方法、项目里程碑计划；②生产准备：生产决策分析、生产物料清单；③团队准备：股权分割、融资和稀释、团队计划；④利益相关者准备：利益相关者地图（stakeholder mapping）。

课程中安排了来自不同学科（软件、硬件、生命科学、材料科学等）的一系列案例，这些案例主要来自 MIT 校友的初创公司。每堂课包括一个讲座、新工具和技术的学习、针对性的案例。课程邀请波士顿本地创新生态系统的众多创业者到访课堂，大多数是与 MIT 相关的创业企业的首席技术官、首席执行官（CEO，通常是 MIT 校友），他们针对课程的特定主题分享经验，与课程教学相辅相成。课程还安排田野考察（field trip），包括对"肯德尔广场"创新生态系统的实地考察。

（3）课程案例 3："创业工程"（Venture Engineering）

该课程是 MIT 创新创业本科辅修学位的两个必修课程之一，与"工程创新"（Engineering Innovation）课程是创新创业姊妹课，面向的是具有较强技术背景但缺乏创业或商科教育的本科生。该课程特别适合具有较强技术背景的学生，且在职业生涯规划中希望在某个时候创立或加入一家初创公司。课程编号为 15.373J/2.912J/3.085J，学时分配为 3-0-9（每周 3 小时课程学习，9 小时课外工作）。课程由 Eugene Fitzgerald 教授、Scott Stern 教授、Bill Aulet 教授和材料科学与工程的 Andreas Wankerl 博士

共同讲授。Eugene Fitzgerald 是材料科学与工程系教授、新加坡 –
麻省理工学院研究与技术联盟 CEO 兼主任。Scott Stern 是斯隆管
理学院的教授。Bill Aulet 是斯隆管理学院的实践教授（professor
of the practice）、MIT 创业中心的行政主任（managing director），
其所著 *Disciplined Entrepreneurship*（中文译本为《MIT 黄金创业
课》）被翻译为 18 种语言出版。

该课程针对创新型新企业的创办和发展教授一整套集成的
方法，旨在让 MIT 的工程和理科类专业的本科生通过学习创新
驱动的创业方法来放大他们的专业优势。创新驱动的创业者需要
在一系列高度不确定的情形下做出决策，因此，创业工程就是通
过传授结构化的方法来减少不确定性。课程帮助初创者认识所面
临的核心技术、客户、战略的选择和挑战，并教授创业者在动态
环境中可实施和应用的系统化框架。

该课程结合了互动教学、在线教学、案例分析和团队项目。
该课程包含创业工程的最新学术研究和实践经验的学习。团队式
的学习缩短了学与用之间的距离，团队能及时将创业工程的知识
框架应用到涉及不同学科领域的项目中，并在高度互动的课堂氛
围中学习和解决问题。

**（4）课程案例 4："医疗设备设计"（Medical Device
Design）**

"医疗设备设计"，课号 2.750，学时分配为 3-0-9（每周 3
小时课程学习，9 小时课外工作）。

课程在秋季学期开设，将临床医生、行业合作伙伴和 MIT
工程师召集在一起，共同开发能够解决实际临床难题的新型医
疗设备。课程开始时发布项目、组建团队，在接下来的 12 周中，
学生和导师都遵循结构化的设计过程，实现从概念验证到原型机
开发。图 4-4 所示为该课程为期 14 周的三阶段结构化设计课程

安排。该三阶段课程安排反映了课程如何带领学生们从模糊的创意到形成日臻完善的方案的过程。对于课程中那些有市场前景并可能产生重大影响的优秀团队项目，转到春季学期时，这些项目将得到进一步培育。

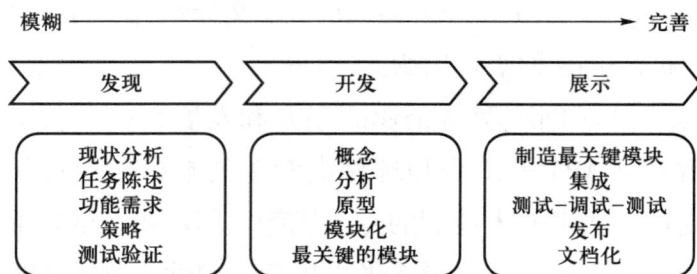

图4-4 "医疗设备设计"课程三阶段结构化设计课程安排

课程以项目式的团队学习进行，每个团队安排两位工作人员作为导师，导师每周与团队见面以审查进度并参与项目讨论。课程对项目团队每个人的工作进展都评审，特别是要求每一位项目成员维护自己的纸质或电子化的设计笔记，包含草图、计算过程、图片等，以证明自己的贡献。导师会定期审核这些记录并进行保存。一方面，这种记录和评价对于将来可能发生的知识产权权益分配至关重要（MIT的政策规定，IP如果是由MIT课程中的学生创建的，则该知识产权被视为学生的财产；如果是教职员工创建的，则归属学校）。另一方面，这种记录对于产品质量和美国食品药品监督管理局（Food and Drug Administration，简称FDA）的要求等都是关键因素。

课程为每个团队提供约4000美元的预算用于开发、原型设计和项目解决方案测试。这些预算可以用于支付的费用包括零件、机修车间服务（必须估算工作成本）、本地差旅费等，但不能用于食品开销。

课程除要求项目团队做展示答辩之外，还要求其完成一篇达到发表水准的论文。课程最终成绩构成如表 4-1 所示。

表 4-1　"医疗设备设计"课程最终成绩构成

课程评分依据：A=90~100；B=80~90；C=70~80

团队项目 - 团队评分	40%
设计过程的执行 预期进度的符合性 时间和成本 设计和实施质量（细节和实施）	
个人表现	20%
对项目的贡献（通过每周检查来监控） 笔记 准备（同组评审）有效性 展示与问答的表现 研讨会参与度	
展示	15%
团队展示 最终论文	
准备工作：课堂测验	15%
个人 EKG 实验室和 KC 实验室	10%
共计：	100%

课程自 2004 年开设以来，已成功促进了许多新的研究和合作，并发表了论文、申请了专利，一些项目获得了融资并启动了创业。

（5）课程案例 5："能源创业"（Energy Ventures）

该课程由 MIT 创业中心高级讲师托德·海因斯（Tod Hynes）、斯隆管理学院高级讲师弗朗西斯·奥沙利文（Francis O'Sullivan）（他是 MIT 能源计划的前研究主任）和 MIT 创业中心主任兼斯隆管理学院实践教授 Bill Aulet 开设。

该课程以团队学习方式进行，面向 MIT 的本科生、研究生和哈佛大学的研究生开设，每次开设通过竞争性申请选拔 35 名学生，每组 5 人，共组成 7 个团队。课程理想的申请人是热衷于能源、水、农业领域的工程、理科、政策等相关专业的学生，还有致力于这些领域且参加了创业导论或具备相关经验的商科学生，特别鼓励已经在开发相关技术或有相关创意的学生参加。课程目标是学生参加完课程后（或毕业后）可以启动一个新能源创业项目。这里的新能源包括能源、水、食物。

课程采用项目式学习，做中学。课程应用 Bill Aulet 提出的成功创业 24 步创业框架（如图 4-5 所示），指导学生团队结合各自项目开展工作。学生在课堂上用大量的时间来推进他们的项目，还有机会邀请嘉宾开设讲座和咨询外部专家。

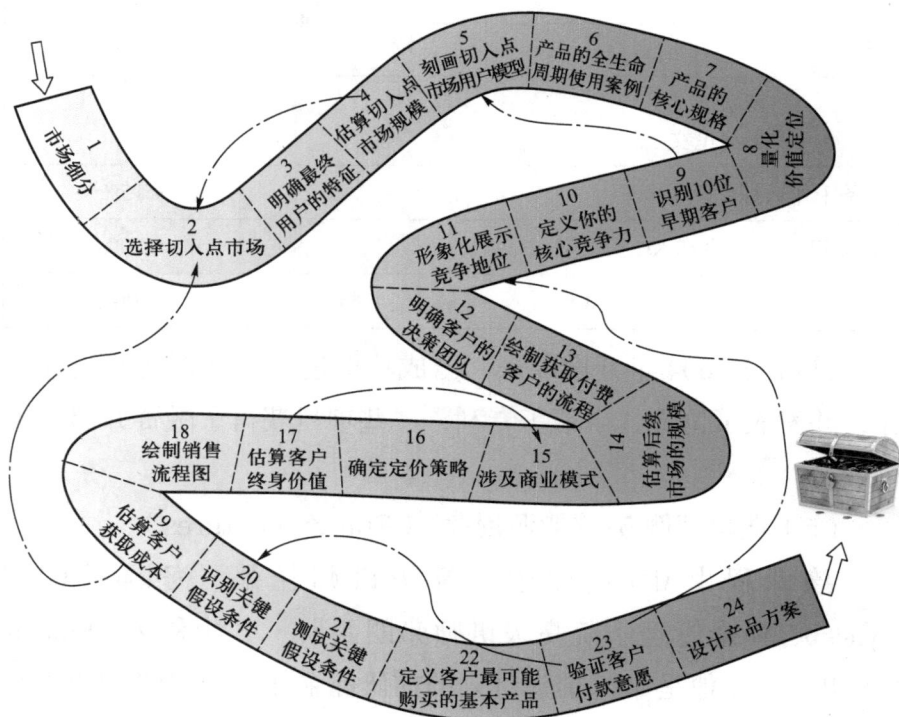

图 4-5　成功创业 24 步创业框架

　　该课程自设立以来，多家公司从该课程孵化出来，而完成该课程的校友则有更多比例成功创办企业。据该校统计，约40%的团队成功创业，这是非常可观的比例。

　　（6）课程案例6："产品工程过程"（Product Engineering Processes）

　　该课程的课程编号 2.009 比起课程名称被更广泛使用。课程的教学团队涉及人员及角色众多（本书之前相关章节已作介绍），除课程指导教师外，还设有多位助教、实验室指导、技术指导、行政助理等教学辅助人员参与课程培养。课程面向本科生开设，学分要求为 3-3-6（每周 3 小时课程学习，3 小时实验室工作，6 小时课外工作）。15~20 名学生组成大型团队开展项目式学习，以设计和构建新产品的 alpha 原型。该课程每年都有一个广泛的主题，可以作为开发新产品的起点。

　　课程中，学生将进行学习创意、产品设计、团队合作以及在预算范围内的实践学习。本课程旨在模拟工程师在现代产品开发公司中作为设计团队的一员所可能经历的工作，包括机会识别、创意产生、收集客户和市场数据、创意筛选、概念设计并建立模型草图、建立和测试样机（mockups）、客户对样机的评估、外观设计（embodiment design）、生产出高质量的 alpha 原型机。此外，大型团队必须有效地工作才能完成这项任务，因此学生还应该适应团队角色和协同工作方式，形成团队的共识和一致的价值观。

　　学生团队以颜色命名，共分 8 个团队。课堂教学以支持团队开展工作需要为主，每个团队每周有 3 个小时的实验室工作时间。每个团队有两名教员（faculty instructor）指导，并配有 4 位以上的外部产品开发导师。每个团队有由学校和课程捐赠人提供的 7000 美元预算可用。在课程结课时，团队向大约 1100 名从事实践的产品设计师、企业家、学者和同学现场展示他们的工作，并进行同步网络直播。课程成绩构成如表 4-2 所示。

表 4-2　课程成绩构成

交付项	课程分数	成绩归属
头脑风暴	5	个人
笔记	10	个人
同行互评	10	个人
教员评价	5	个人
三个创意评审	5	大团队
草图模型评审	15	大团队
样机模型评审	15	大团队
装配模型	5	团队
技术评审	20	团队
最终展示	10	团队

（7）课程案例 7："E-Lab"（Entrepreneurship Lab）

E-Lab 是 MIT 创业中心成立后不久便开设的课程，开创了 MIT 行动学习的先河。课程的宣传口号就是在新创企业工作并获得学分（receive class credit for working with a startup）。课程向任何可以在 MIT 注册课程的学生开放，包括但不限于斯隆管理学院学生、MIT 研究生、哈佛大学学生和韦尔斯利学院（Wellesley）的学生。本课程同时也是 MIT 创新创业辅修学位的一门课程。课程学时分配为 12 学时（2-9-1）（每周 2 小时课程学习、3 小时实验室工作、6 小时课外工作）。课程由 MIT 创业中心翠西·科特（Trish Cotter）、唐娜·莱文（Donna Levin）和杰夫·巴尼特（Jeff Barnett）三位老师负责。

E-Lab 是一个基于项目的行动学习课程，来自 MIT 和哈佛大学的学生团队将进入与课程合作的初创公司，参与解决创业中具有战略重要性的问题。课程选择的初创公司通常是技术密集型的，涉及的技术如 AI、机器学习、加密货币、区块链、软件、硬件、机器人技术、清洁技术、生命科学等，规模不到 40 名员工但有发展前景，且至少已获得一轮融资。

　　课程的第一天，参与课程的初创公司会进行介绍，开课一周左右，学生将被匹配到各初创公司。学生每周除一次的课堂学习外，还要安排一天参与所匹配企业的工作，以掌握创业的实战经验。在这个过程中，这些初创公司也可以在市场选择、顾客认知和产品价值认知等方面受益于学生团队的参与。学生团队可以使用 MIT 创业中心的相关资源。学生团队的第一个任务是和合作企业 CEO 签署简短的项目计划。在课程的剩余时间里，学生将按计划进行工作，并与公司的管理人员互动。在学期末，每个小组都要在保密的情形下向任课教师汇报成果，继而向合作企业高管汇报。学生成绩的构成如表 4-3 所示。

表 4-3　学生成绩构成

项目	占比 /%
课堂出勤与参与	25
每周状态签到（weekly status check-ins）	10
项目最终草案（project scope final draft）	10
期中课堂展示（intermediate in-class presentation）	10
期末课堂展示、执行总结和附件（final in-class presentation, executive summary, and appendix）	30
项目同伴评价（team peer evaluations）	15

（8）课程案例 8："创造"（Introduction to Making）

　　"创造"课程（logo 如图 4-6 所示）的学时是 6 学时（3-0-3）（每周 3 小时课程学习，3 小时课外工作），课程编号是

2.351J/15.351J。课程由 MIT 创业中心、机械工程系、MITii 的手动项目（project manus）等部门的教授共同开设。该课程面向具有任何专业背景的本科生和研究生，是高度沉浸式的动手入门课程。

课程讲授常见的制造技术知识以及使用技巧，包括手动工具制作、3D 打印、激光切割、电子产品、Arduino 编程等。

图 4-6 "创造"课程 logo

学生团队将利用所学的知识和技能开展项目工作，并参加"演示日大挑战"（demo day grand challenge），角逐"最酷原型机奖"（the coolest prototype award）。同时，学生团队也参加 MIT 的"MacGyver 挑战赛"和"设计挑战赛"。

学术创业：
从实验室到市场
——从创意到影响力

MIT 机械工程系主任陈刚教授在接受访谈时表示，MIT 是很多重要现代技术的发源地。依靠出色的软环境，MIT 的研究能迅速转化为产品，为社会做出贡献。这里的工学院和商学院的学生常一起上课，学生常问教师怎样才能把研究成果带到社会。一些校友会也提供各种机会，帮助将研究成果转换成项目。这里还有创业导师帮助学生和教授开展创业。学校周围分布了很多风险投资公司，他们经常给教师发电子邮件，也经常上门拜访。学校也很鼓励教师创业，甚至可以提供种子资金，帮助教师成立公司。学校有很多教师在外面办公司、做顾问。他简单的几句话包含极大的信息量，从中可以感受到 MIT 从制度软环境建设到创新创业支持服务"硬资源"上的相辅相成，二者共同营造了 MIT 学术创业的活跃氛围。

1. 德什潘德技术创新中心

德什潘德技术创新中心（the Deshpande Center for Technological

Innovation Funds，简称德什潘德中心（Deshpande Center）成立于 2002 年，旨在将技术从实验室转移到市场（moving technology: lab to market），为教师们（faculty and supports faculty）的技术商业化提供支持。中心通过对接企业家和投资机构来帮助教师判断他们技术商业化的可能性，并对他们进行资助，对有可能实现商业化的研究项目提供少量经费（5 万 ~15 万美元）进行支持。通过多种形式的支持，包括由德什潘德中心和 MIT 创业中心联合开展的"iTeams"课程的学生团队的参与，中心帮助教师将研究的创意转化为商业的应用场景和价值与影响力。该中心在设立的最初八年中，资助了 80 多个教职员工的研究项目。这些项目已经孵化出了 23 家公司，其中大多数由德什潘德中心和 MIT 创业中心联合开展的"iTeams"课程的学生团队参与支持。目前，该中心有超过 400 位教师和学生参与研究项目，40 多家公司脱颖而出。该中心的做法成为许多高校争相效仿的模式。

2. 引擎计划

在数字化浪潮中，美国的创新体系已经形成很高的效率，以数字化起家的创业团队在短时间内能在市场上取得成功。相比之下，发展复杂的硬科技则变得几乎不可能。2015 年 5 月，MIT 校长 Rafael Reif 在《华盛顿邮报》的专栏专门回应了这个问题。他指出，目前的体系"无法支撑发展复杂而耗时但最终可能会产生巨大意义的概念，可是此类工作可能带来对可持续能源、水和粮食安全以及健康等方面面临的挑战的颠覆性解决方案"。在这样的背景下，在执行副校长的领导下，MIT 于 2016 年启动了名为"引擎"（The Engine）的硬科技（tough tech）创业计划，旨在发展放眼长远的变革性技术，通过突破性的科学、工程和领导力的融合解决世界上的重要挑战，打造下一代改变世界的公司。引擎计划主要聚焦的领域有先进制造、能源、先进材料、粮食与农业、生物技术与生命科学、机器人技术、太空、半导体类、量子计算、物联网、人工智能与机器学习以及其他新技术的交叉领域。

引擎计划为硬科技创业者提供资金（The Engine Fund）、基础架构（The Engine Infrastructure）和合作网络（The Engine Network），为破坏性技术提供支持，从而弥合了发现与商业化之间的鸿沟。

The Engine Fund 作为早期投资，专注于硬科技创业公司发展中的两个里程碑：一是定义产品与市场的契合度，即企业家形成最初创意的阶段；二是初创企业开始扩大规模以进行商业生产的阶段。

引擎计划建立的基础架构包括专用实验室、设备、工具和空间，以及提升变革技术产生的经济性和效率。引擎计划在 MIT 所在地——剑桥市马萨诸塞州大道 501 号办公室的实验室和制造商面积超过 $2322.576m^2$（25000 平方英尺）。早期的硬科技初创公司通常需要使用专用且昂贵的设备来进行实验或构建其产品。为了满足这些需求，引擎计划与全州领先的学术和研究机构进行合作，包括布罗德研究所、哈佛大学医学院的东四核磁共振设施、哈佛大学纳米解决方案中心、MIT 材料研究科学与工程中心、MIT 微系统技术实验室、MIT 生物微中心、MIT 林肯实验室等。

引擎计划合作网络包括创始人、初创企业、战略公司、政策制定者和投资者，以使得他们之间建立长期互利关系。该网络是由建立成功的硬科技创业所必需的所有利益相关者组成的。

简而言之，引擎计划是 MIT 搭建的一家风险投资（VC）公司，投资解决全球性重大挑战的硬科技创业项目，并通过资金、基础架构和合作网络三驾马车，为硬科技创业加速进入市场而铺平道路。Rafael Reif 校长评价引擎计划时用了三个"首次"：MIT首次明确以用创业的方法去解决全球性的各种挑战为其使命；首次设立 2500 万美元的基金及合作的共 2.05 亿美元的投资基金，以聚焦支持这些创业问题的解决；首次建立全新的引擎计划实体机构，并聘请外部的 CEO、高管和投资领导者负责管理。

3. 媒体实验室

隶属于 MIT 建筑与规划学院的媒体实验室（Media Lab）成立于 1985 年，CBS 的报道称其为"未来工厂"（the future factory）。媒体实验室的建立旨在解决技术进步带来的诸如肥胖、贫困、道德冲突、欺凌等问题，让技术的发展更符合社会和人性的需要。

媒体实验室建立了具有高度学术自由的文化。这里创造性地提出了一个新词"antidisciplinary"，直译为"反学科"。其联合创始人尼古拉斯·内格罗蓬特（Nicholas Negroponte）特别反对学术界"发表或出局（publish or perish）"这种过于注重论文发表的文化，提出了 media lab 的研究文化是"演示或出局"（demo or die）。伊藤穰一（Joi Ito）在 2011 年出任实验室主任后，更直接指出了大多数学科建设的弊病，就是对学术评价注重在所在学科或领域内的高水平学术期刊发表论文，可是参与评审这些论文的同行通常是所在领域的少数专家，他们更强调论文的重要性与独特性。因此，学问就被越做越深、越做越窄。伊藤穰一也把媒体实验室的"演示或出局"提法修正为"部署或出局"（deploy or die）。因此，实验室建立了由设计者、研究人员、发明者、艺术家等混杂共生的社区。

目前，在这个社区中，超过 450 多个项目在推进或启动，涵盖了从神经系统疾病的治疗到可以"四处看到"的先进成像技术，再到世界上第一个"智能"脚踝假肢等。当然，很难说这些项目属于哪个学科，但它们的共同点就是都具有"独特性、影响力和魔力"（uniqueness，impact and magic），而这些研究是要回答那些还没有被提出的问题（answer the questions not yet asked）。这么有使命感、有影响力的实验室当然不缺少支持者。实验室得到包括世界级领先企业在内的超过 80 个成员的支持。根据该实验室网站的介绍，其年度运行预算约为 8000 万美元。

MIT 当然也成了"黑科技"创新创业的世界高地。到访过 MIT 媒体实验室的人都会对他们的成果印象深刻：拿起毛刷子在实物上刷几下，就可以用它在电子屏上以采样的元素与色彩进行绘画创作；小朋友即刻就可以学习并进行编程的 Scratch；伸出手在空中就可弹奏的钢琴等。

4. 技术许可办公室

技术许可办公室（the Technology Licensing Office，TLO）是 MIT 历史悠久的一个机构，1945 年成立时叫作专利版权与许可办公室，是美国高校中最早成立的此类办公室之一。1985 年改名为技术许可办公室。其协助 MIT 的发明者，保护他们的技术并发出技术许可给企业和初创公司。技术许可办公室的使命是将创新与发现从实验室转移到市场，以造福大众和扩大 MIT 的全球影响力（to move innovations and discoveries from the lab to the marketplace for the benefit of the public and to amplify MIT's global impact）。技术许可办公室通过营造一个具有包容性的科学和卓越创业的环境，并通过战略性的评估、保护和许可，为 MIT 的研究群体、产业界和创业者建立连接。图 5-1 所示是技术许可办公室的技术转移过程。

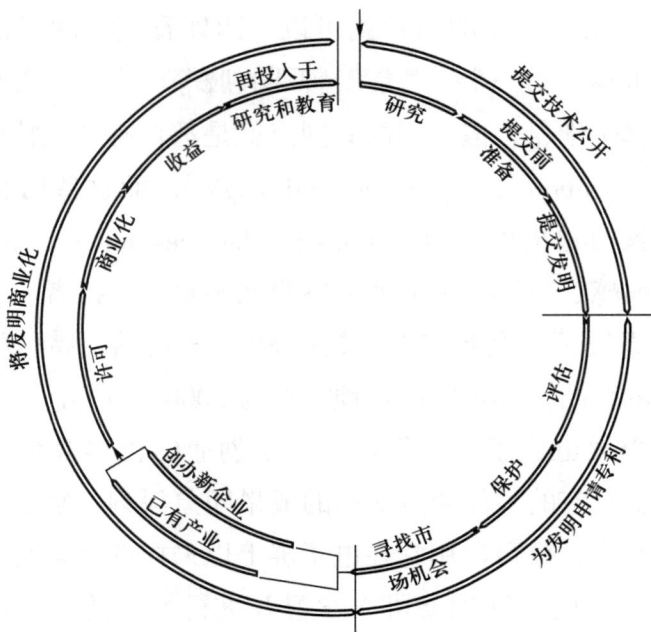

图 5-1　技术许可办公式的技术转移过程

　　技术许可办公室的典型交易是在明确指定的有限使用领域中提供技术许可（以向被许可方提供明确的经济激励），许可费从 25000 美元到 100000 美元不等，是销售收入的 3%~5%，通常每年的最低使用费会随着时间的推移逐步增加。

　　对于初创企业，技术许可办公室通常不要求他们支付技术许可费用，而是选择持有少量（通常少于 5%）初创企业的股权。通过与教师、企业家以及风险投资家的积极互动，技术许可办公室成为 MIT 创业生态系统的重要参与者。

　　2019 年，技术许可办公室收到了 789 项发明公开（invention disclosures）（包括林肯实验室的 81 项），提交了 439 项美国新专利申请，获得了 383 项美国专利，执行了 143 项许可和期权（option），有 25 家使用 MIT 的知识产权的初创公司成立，并获得了 3480 万美元的技术许可总收入。

5. 学术创业利益冲突规避

MIT 支持教师（faculty）创新创业，但是全职教师仍需要恪守职责。虽然 MIT 并没有公式化地列明教师要完成的各项工作，但要求教师需要将主要精力投入校内学术工作中。不过，MIT 鼓励教师开展的自由探索和从事外部的专业服务，规定在学年内和带薪暑假期间，教师平均每周可以有 1 天用于外部专业活动（outside professional activities），这个外部活动当然包括创业活动。

MIT 利益冲突规定，教师，特别是负责认定知识产权所有权的教工、系主任、实验室主任和中心主任等，他们本身富有职责去判定相关技术的知识产权是否属于 MIT。因此，如果他们本身投资或拥有相关联创业项目的股份，或者跟发明人一同作为创始人，就会认为有直接的利益冲突。同时还规定，如果相关知识产权的许可还没得到解决，参与创业的教职员工不应亲自参与 MIT 的技术许可谈判，而应由与 MIT 无关的律师或公司高管来负责谈判。此外，MIT 鼓励教师创新创业，对教师的兼职数量也不设限制。MIT 的教师可作为创业公司的创始合伙人、董事、持股人等，但一般不出任高管参与日常管理。

学生创业支持体系：
从启蒙到创业实践
——以学生为中心的创新创业指导与服务

  MIT 的创新创业取得了卓越的成就，而所有的努力也得到了学生的积极反馈。Edward Roberts 的报告显示学校对学生的支持有非常正面的反馈，有 85% 的创业校友表示他们的创业得到了MIT 直接和显著的帮助，而 51% 的创业者表示他们在学校的帮助下获得了融资。可见，校友的认可源自 MIT 创新创业工作的有效运作。对于 MIT 创新创业的巨大成功，不同的研究有不同的解读。本书在调研、走访、系统梳理和分析的基础上，结合创新创业本身的逻辑和创业教育的实际，勾勒出 MIT 学生创新创业的支持体系概貌。

  MIT 按照学生的学习进程和创业的规律，建立起了系统完善的创新创业教育与支持体系。从 MIT 开展创新创业的工作实际来看，为数众多的资源相互连接又各有体系，构成了完整的创新创业价值链上的支持力量。尽管简单地把 MIT 的某个创新创业资源置于创新创业价值链上的某个阶段未必能完全反映该资源本身的全部内容，但这样也可以看出各资源的侧重和在整体设计上的考虑。如表 6-1 所示，通过对 MIT 关键创新创业资源的归纳，MIT 的整个学生创业孵化与加速体系可归纳为启蒙、创意、探索、学习、开展和加速六个阶段；同时，MIT 又建立了种子基金、众创空间、创新计划、创业中心、创业指导服务、技术许可、校友创业联盟和产业联盟等创新创业基础设施。

表 6-1　MIT 学生创业孵化与加速资源体系

资源	阶段					
	启蒙	创意	探索	学习	开展	加速
关键资源	t=0	Lemelson-MIT	Project Manus	90+课程	MIT $100K	MIT delta v
	论坛、沙龙等	Gordon工程领导力计划	Legatum中心	MIT fuse	IDEAS 社会创业比赛	DesignX
	20余个学生俱乐部	proj x	START STUDIO	MIT D-Lab	能源奖	MEMSI
基础设施	Sandbox Innovation Fund Program 种子基金	I&E hub 众创空间	MIT Innovation Initiative 创新计划	创业中心	VMS Venture Mentoring Service 创业指导服务	TLO Technology Licensing Office 技术许可
	MIT STARTUP EXCHANGE 校友创业联盟	MIT ILP INDUSTRIAL LIAISON PROGRAM 产业联盟				

1. 学生创业孵化与加速

（1）启蒙

高校创新创业教育的一个重要方面就是要播撒创新创业的种子。MIT 为此开展了各种各样的活动，包括论坛、沙龙等以及对创新创业的广泛宣传。每年 9 月份开学不久举办的"t=0"是 MIT 在全校范围内开展的创新创业周，是这些活动的典型代表。这个为期一周的创新创业活动，将学生创业俱乐部、部门和初创公司召集在一起，展示不同领域不同方面的创业。对于 MIT 的学生而言，t=0 意味着"现在是时候"（the time is now）开启自己的创新创业旅程了。

此外，MIT 有大量的学生社团和计划与创新创业密切相关，目前较活跃的学生社团有能源俱乐部、创业者俱乐部、金融科技俱乐部、食品与农业俱乐部、MIT- 中国创新创业论坛、斯隆商业俱乐部、斯隆创新创业俱乐部、斯隆国际发展创业者俱乐部、斯隆科技俱乐部、斯隆女性管理者俱乐部、体育科技兴趣组、创业实验室、TechX、风投与私募俱乐部、创投俱乐部、废物管理俱乐部、女性商业领袖俱乐部。所有与创业相关的俱乐部都是由学生组织和运行的，无需教职员工参与。这些创新创业学生社团又都依托于创业中心，这样有利于将中心的师资和各种创业资源与各创业俱乐部和学院集成起来。

（2）创意

当学生受到启发，计划开启自己的创新创业之路时，MIT 有多个计划可以支持学生开展创造性工作。这些计划除之前介绍的戈登工程领导力计划外，还有诸如 Lemelson-MIT 计划和项目 X（ProjX）等。Lemelson-MIT 计划旨在推动校园发明活动，该计划下有一个全国性的大学生发明大奖赛。Lemelson-MIT 计划旨在表彰杰出的发明家，并激励年轻人通过发明追求创新生活和职业。杰尔姆·赖弥尔森（Jerome Lemelson）是美国历史上最多产的发明家之一，他的妻子多萝西（Dorothy）于 1994 年在 MIT 创立了该计划。这个计划由 Lemelson 基金会资助，由 MIT 管理。该计划现任主任由 MIT 创新计划（MITii）的主任迈克尔·西马（Michael Cima）教授兼任。而 ProjX 是技术 X（TechX）的分支机构，每学期为学生提供多达 500 美元的资金，以帮助他们实现自己创意的项目，并且还会为他们提供机会参加每年举办的 x 展览会（xFair）等活动来展示自己的作品。

（3）探索

MIT 还提供机会鼓励学生探索他们的创意并开发出原型产品，以开展各种类型的创业，如技术创业、艺术创业和社会创业等。例如 Project Manus 提供条件和指导让学生可以制作他们的产品，创业工作坊（Start Studio）则提供艺术创业的创客空间和训练。

（4）学习

MIT 提供大量的课程帮助学生深入学习创新创业的理念、方法和工具。这些课程有 MIT 创业中心开设的课程，在冬季小学期（IAP）开设的课程，D-Lab 开设的社会创业课程，Media Lab 创业计划开设的课程等，有超过 90 门之多。加之 MIT 在这些课程的讲授方面创造性地采用了跨学科混合团队的项目式学习方式和双轨制师资的配合教学方式，提升了创新创业课程学习的效率和有效性。

媒体实验室创业计划（Media Lab Entrepreneurship Program）是媒体艺术与科学（Media Arts and Sciences）项目中的一个跨领域主题，以帮助学生将 Media Lab 中有前景的创意从原型机转变（translating）为现实世界的产品或服务，从而将创意转化为影响力。该计划包括面向研究生的几门创业课程，包括"媒体创业"（Media Ventures）、"发展创业"（Development Ventures）、"成像技术创业"（Imaging Ventures）和"神经技术创业"（Neurotech Ventures）。

D-Lab 创立于 2002 年，其显著特点是通过跨学科课程，在全球范围内寻求合作并致力于解决全球面临的贫困问题，提供实用的解决方案。D-Lab 的另一特点是设计者（designers in residence）和创新者在 D-Lab 共同工作、指导学生。如今，MIT 推动发展实验室 3.0（D-Lab 3.0），以建立教育、研究和创新实践三大支柱，使其在如下方面成为 MIT 内的领导者：

①在全球扶贫领域创造并提供变革性的学生学习体验；

②推进全球扶贫的包容性设计教育学的研究和实践；

③建立解决现实问题的生态体系，支持从对需求的分析到创意再到形成影响力的全过程。

MIT fuse（又称 StartIAP）是每年在 IAP 小学期开设的创业课程。课程让学生以团队方式进行创业学习，像真正的创业团队一样在一起协作，并接受驻场创业导师的指导，向已经在创业的团队负责人学习。课程本身专注于讲故事与演讲、市场研究、数字营销、原型机、用户体验与测试以及学习如何与创始合伙人一同工作。

StartMIT 是另一门在 IAP 小学期开设的课程，旨在为任何对创业充满好奇的学生提供入门知识，介绍其所需的技能和态度，并带领他们了解和接触 MIT 提供的丰富创业资源。

此外，MIT 创业中心还提供创业实习（the entrepreneurship internship）。创业实习是一项为期 10 周的带薪暑期实习计划，将 MIT 的本科生与德尔塔 v 校友创办的初创公司联系起来。

（5）开展

MIT 的许多创新创业课程会将课程的学习同学校相关的创新创业比赛连接起来。例如，D-Lab 的课程与 IDEAS 比赛连接、"媒体创业"与 MIT100K 比赛连接、"能源创业"与能源奖连接。这样学生团队在完成课程学习后，还将参加各类比赛并不断完善项目，以团队工作的形式开展创业，在比赛中不断验证和迭代。

The MIT $100K 创业大赛是 MIT 在全球范围内颇具影响力的学生团队商业计划比赛。该比赛始于 1990 年，其名称源自最高奖金为 10 万美元（全部奖金大约为 30 万美元）。该比赛旨在鼓励 MIT 学生通过创造性工作创建未来领导性企业。整个比赛均由学生团队管理运行。整个比赛又分成演讲赛、加速赛和启动赛三个层次，从 10 月份一直延续到次年的 5 月份。该比赛的学生参与度非常高，有记录显示，2015 年有超过 1000 名学生（300 多个团队）参赛。至今已有数百家成功的企业脱胎于这个比赛。

（6）加速

德尔塔 v。德尔塔 v 是 MIT 的一个支持学生创业的教育性加速器，是学生创业团队进入现实世界之前的重要教育机会。该加速器通过帮助创业团队验证他们的创意和概念，助推他们创建有影响力的、以创新驱动的初创企业。在 2019 年夏季，有 17 个团队入驻 MIT 创业中心全职工作，其中 7 个团队位于纽约的 MIT 纽约创业工作室（MIT NYC startup studio）。在这个过程中，这些团队专注于团队建设，了解目标市场、客户和用户，学习创建公司的机制（包括公司成立、相关法律、财务、融资等）。

MEMSI。MEMSI（MIT Entrepreneurship and Maker Skills Integrator，MIT 创业与创客技能整合训练营）是为期两周的全浸入式创业训练营，成员是来自香港和麻省理工学院的硬件系统创新者，每年一月和六月举行。该计划是为希望在物联网（internet of things，IoT）的互联设备上创业、硬件制造和产品开发建立技能的本科三年级及以上的学生而设计的。在两周的行动中，学生团队将共同选择要解决的客户问题，了解客户，提出解决方案，然后使用高级原型技术构建此解决方案的原型；掌握技能以帮助他们在以后的生活中成功开展业务，包括"纪律创业"框架、"设计思维"、先进的制造者技能等；在中国深圳的工厂参观期间，了解现实生活中如何进行大规模生产；在演示日向企业家、投资者、行业思想领袖、校友和朋友们展示他们的商业想法和工作原型。MEMSI 由麻省理工学院香港创新中心、麻省理工学院创业中心、麻省理工学院中国计划和麻省理工学院创新计划共同提供支持。

2016 年成立的 MIT 设计 X（DesignX）是 MIT 建筑与规划学院（SA+P）设立的创业加速器（venture accelerator），致力于设计创新与创业，旨在通过创业来促进城市和建筑环境转型。设计 X 鼓励学生、教职员工和研究人员通过创办企业并提出具有前瞻性的解决方案，以应对城市和人类环境面临的重大挑战。该加速器基于开设的两门跨学科课程（18 个学分）：在 MIT 冬季学期（IAP）进行的创业营（bootcamp）（6 学分）和在春季学期进行的为期 4 个月的加速器计划（12 个学分）。课程目标是让参与的团队将他们的创意演化为初创公司。这两门课程基于设计思维的方法论，为创业者提供创业的工具和战略。加速器中的每个团队都将获得 15000 美元的无股权无附加条件的项目经费支持。同时，在课程期间，建筑与规划学院为参与团队提供 7 × 24 小时开放的空间。设计 X 还聘请了超过 25 位创业导师为创业团队提供指导。

2. 创新创业基础资源

MIT 创新创业生态体系内容丰富且有非常厚重的沉淀，有效支撑着 MIT 为学生、教职员工、博士后和校友的创新创业提供学习和实践。这个体系提供可量身定制的课程、指导和资源。除此之外，MIT 还在不断加强软硬件配套建设，推进对校区邻接的肯德尔广场（Kendall Square）的重建计划，不断提升 MIT 区域内的创新生态系统。MIT 创新创业生态体系提供了丰富的资源，限于篇幅，不能列举所有的创新创业资源。

（1）MIT 创新计划

MIT 创新计划（MIT innovation initiative，MITii）是面向全校的一个长期规划，旨在为全球的新一代创新者提供教育，特别是给学生提供结合动手学习（hands-on）的创新创业教育机会，在整个校园内构建动态的创新基础架构，增强 MIT 创业和创新方面（针对所有教育阶段的学生）丰富多样的教育机会之间的联系，以使得 MIT 的创意能够产生更加深远的影响力。

MIT 创新计划特别关注如何与 MIT 的五个学院协同开展创新创业工作。在该计划管理层的配置上也可看出这种用意。MIT 创新计划设有两名共同主任，现任的共同主任一位是来自工程学院的创新副院长 Michael Cima 教授①，另一位是来自斯隆管理学院的创新副院长 Fiona Murray 教授。同时设有一名执行主任。这不同于 MIT 创业中心以斯隆管理学院教师为主的格局。

MIT 创新计划推出了如下一些活动和项目。

①能力建设计划（Support Capability-building Programs）：开设面向全校本科生的创新创业辅修双学位。同时，协同各学院针对本科生、研究生开设课程。课程除与专业紧密结合之外，还有多学科教师合作开设的突出特点。

②搭建协同基础架构（Develop a Collaboration Infrastructure）：建立起全校性的协同机制，开发并利用数字化工具来连接全校的创客和协作空间，形成一体化的以创新为中心的平台（a unified "innovation-centric" campus），提供给全校五个学院的创新群体使用。为此，MIT 创新计划协调将学校内各种形式的创客空间（并形成了 MIT 的创客体系）、创新创业空间和相关职员的办公空间等进行一体化建设，使之完全转变为系列开放式和协作式的空间。这其中包括目前 E38 楼中 371.61 平方米（40000 平方英尺）的创新和创业活动空间以及遍及全校的创客体系。

_____

① Michael Cima，麻省理工学院工学院材料工程教授，他是大卫·科赫（David H. Koch）冠名教授。他于 2018 年出任麻省理工学院创新计划（MITii）共同主任，同时从 2009 年起担任 Lemelson–MIT 的主任。

③建设创新社区（Build Innovation Communities）：通过将MIT与学校所在的剑桥市乃至全球范围内的企业、政府和创新中心更紧密地连接起来，在MIT和全球范围内培养创新社区。通过创建少量创新节点（node），将MIT的创新创业教育扩展至全球。例如，MIT在香港启动了其首个海外创新节点，这个节点于2015年宣布建设并于2017年正式运作，作为与中国制造中心连接的枢纽。

④建设规范的创新科学（Formalize the Science of Innovation）：创建创新科学与政策实验室（the Lab for Innovation Science and Policy），作为MIT教授和多学科学者之间的纽带。他们致力于通过严谨的分析，对如何形成预期的创新成果并形成创新驱动经济增长的机制进行研究，传播有关创新创业的基于实证的知识（evidence-based knowledge），并将这些知识转化为可供实践者使用的工具和框架。Fiona Murray认为创新科学与政策实验室的目标是使之成为"决策者、高级管理人员和企业领袖在组织、区域或国家内制定以创新为导向的政策和项目时，寻求利用基于实证的知识来指导其工作的开展"的地方。

（2）MIT 创业中心

Edward Roberts教授是MIT创业中心（the Martin Trust Center for MIT Entrepreneurship）的创始主任。1990年，斯隆管理学院的Edward Roberts教授创立了MIT创业中心，并面向全校开展创新创业教育。MIT创业中心的成立是MIT将创业教育纳入规范的人才培养体系的重要举措。在中心的努力下，该地聚集了一批强大的理论与实践相结合的师资队伍，开设的创业课程也从之前的"新企业"（New Enterprises）一门课程到目前的60多门专门的创业课程（此外还有许多不计学分的创业课程）。课程涉及各类创业主题，每学年吸引着MIT的数千名学生修读。

MIT 创业中心主要从三个方面培养 MIT 学生的创业兴趣并开展创业活动：教育与研究（education and research）、联盟（alliance）和社区（community），并建立起如图 6-1 所示的以学生为中心的创新创业教育支持体系。

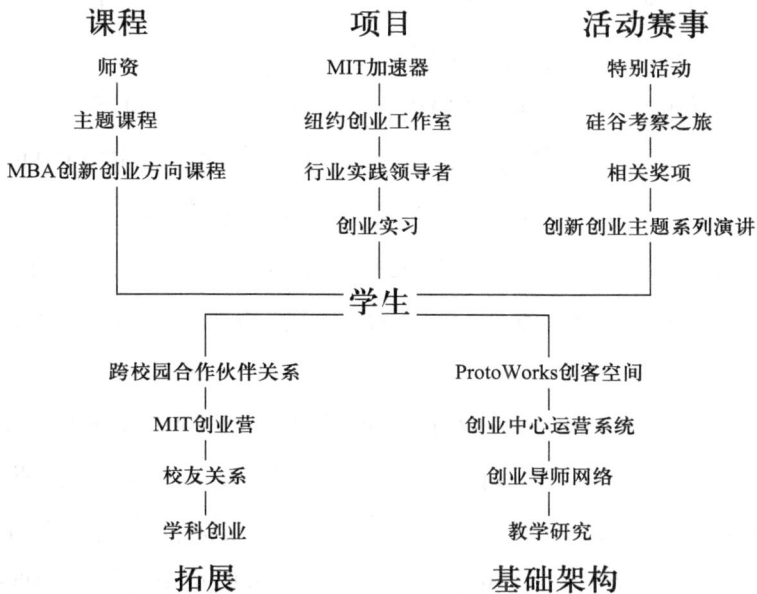

图6-1　以学生为中心的创新创业教育支持体系

目前，MIT 创业中心面向五个学院的全体 MIT 学生提供以下创新创业教育和支持。

①创新创业课程。这些课程包括由浅入深、不同深度的面向本科生和研究生不同层次的课程。其中包含 MIT 创业中心与斯隆管理学院合作开设的 MBA 创新创业方向（MBA entrepreneurship & innovation track）的课程。这是面向 MBA 的一个学程证书项目，只有获得 MBA 学位并完成创新创业方向全部培养要求的学生才能获得此证。培养方案要求学生必须完成公司级（firm-level requirement）、产品级（product-level requirement）、创业级（startup requirement）和选修四个方面的内容，这些要求的学习形式有课程学习、手动制作和创业实践等。为了有效开展创新创业教育课程，并与 MIT 的专业教育紧密结合，MIT 创业中心组织了一支非常多元化的师资团队，包含 11 名工程学院的教授、2 名建筑与规划学院的教授、14 名斯隆管理学院的教授和 24 名由专职讲师、投资人、企业家构成的讲师团队。

②从咖啡、零食到硬件软件等开展工作所需的资源。

③位于肯德尔广场核心区域的创业空间和先进的协同工作区、会议室、IdeaPaint 墙、视频会议系统和创业办公空间等的基础设施。此外，MIT 创业中心还有 ProtoWorks 创客空间，学生可以通过制作实现他们创意的初始原型机来探索和尝试其创业想法。

④辅导和咨询。创业中心聘请了一批创业导师，包括全职驻场创业导师（entrepreneurs in residence）和兼职创业导师（professional advisors）。这些创业导师以及其他合作网络为学生创业提供专业的指导。目前，创业中心有全职驻场创业导师 7 名、兼职创业导师 71 名。天津大学校友周雄伟就是其中一位兼职创业导师，他是波士顿天使投资的 CEO。

⑤举办创新创业主题的系列演讲、圆桌论坛、MIT100K 创新创业大赛、t=0 等活动，支持学生发展自己的创业之路。

⑥加速器（accelerator）。MIT 全球创始人技能加速器（the MIT Global Founders' Skills Accelerator，MIT GFSA）是全球首屈一指的大学生创业加速器，为学生创业提供顶级的教育机会。

MIT 的创业教育从一开始就强调以创新为驱动，努力帮助学生、教师将他们的创意、发明转换成创新的产品或服务去影响世界。一批如 Edward Roberts 教授一样的教师不仅开展了卓越的创业教育与研究工作，同时还辅导、投资和联合创办了许多新企业。Edward Roberts 教授本身就是多家企业的联合创始人和董事，也是天使投资人。严谨的学术研究、丰富的创投实践，或许还有丰厚的回报让这些教授全身心投入对学生的创业教育和辅导中，并且变得更加有效率。在多年的创新创业教育中，MIT 创业中心总结了创业培养的四方面重要知识，称为 4H（the 4 H's，即 heart、head、hand、home）。

MIT 创业中心开展的活动主要包括德尔塔 v、行业实践领导者（Sector Practice Leaders，SPL）、t=0、MIT fuse、StartMIT、创业实习、创业指导、MEMSI 等。以上这些活动提供了各种各样的创新创业机会。2014 年，中心任命了五位部门负责人来整合这些各种类型的活动。这些负责人通过一年的努力，对包括文化创意在内的五个不同技术领域进行整合。通过这些努力，更多的MIT 学生找到了更符合他们兴趣的创业活动，并组建了新的学生团队。如此一来，就有更多的学生参与到黑客马拉松、德尔塔 v 和 MIT100K 创业竞赛等活动中。

（3）空间

除了 MIT 创业中心位于 E40 号楼的众创空间、E70 号楼的MIT 创新计划空间外，2020 年，MIT 又完成了位于肯德尔广场核心位置的 E38 号楼的重新装修，并将最上面的 5 层（约 3700 平方米）作为创新创业空间（I&E hub）。这里为学生提供创新创业工作空间、会议场地、开放式协作空间，以及作为相关人员和研究人员的办公室、会议室和教学空间等，刻意建立起学生、教职员工和肯德尔广场区域的社群能够进行交互与碰撞的创新创业社区。

（4）沙箱创新基金计划

2016 年，沙箱创新基金计划（the Sandbox Innovation Fund Program，简称 Sandbox）依托 MIT 工程学院建设，与 MIT 创新

计划（MITii）合作。Sandbox 为 MIT 学生的初始创业项目提供种子资金，最高达 25000 美元，并提供量身定制的教育机会、咨询和指导。此外还帮助他们获得材料和空间资源。该计划由 MIT 理事会管理，包括副校长、教务长、斯隆管理学院院长、研究生委员会主席、本科生学生会主席及其指定的人员参加。

Sandbox 有如下四个显著特点。

①开放性（accessible）。Sandbox 对 MIT 所有的本科生、研究生（包括 MBA 等专业学位学生）开放申请。该计划本身也不是任何形式的比赛，项目的目的并非决出胜负。

②教育性（educational）。该计划充分考虑了大学学生学习的特点，帮助学生个人或团队将其创业与课业学习和研究工作充分匹配起来，专创融合。

③个性化（personalized）。该计划为学生创业团队提供创业导师及个性化的课程，以推动他们不断进步。

④实践性（practical）。学生通过创业项目的推进，从做中学，并在推动他们自己的项目从概念性的创意到产生影响力的过程中积累真实的经验。

（5）创业指导服务

创业指导服务（the Venture Mentoring Service，VMS）主任舍温·格林布拉特（Sherwin Greenblatt）说："即使拥有最好的创意，聚集了全世界的发明家，但缺了懂得创业的人还是会走向失败。"（You can have the greatest idea, you can have all the investors in the world, but if you do not have the skilled entrepreneur, you will fail.）也正是基于这样的认识，1997 年，时任教务长（provost）

的 Bob Brown 接受亚历克·丁吉（Alec Dingee）[①] 和戴夫·施特林（Dave Staelin）[②] 的建议，并责成二人制定相应的计划以弥补 MIT 在支持新兴创业方面的差距。2000 年 VMS 启动，旨在为有志于创业的在校生、教职员工、已毕业校友等提供高水平的创业指导。项目直接向教务长汇报。

创业指导服务为创业者提供了导师团队。创业导师提供实用、专业的建议（advice）和指导（coaching）。创业导师来自各种行业，包括营利性和非营利性组织。导师团队包括创始人、连续创业者、首席执行官（CEO）、首席运营官（COO）、首席技术官（CTO）、首席问题官（CSO）和高级副总裁（SVP），以及财务、基金、人力资源、法律、市场、产品开发、销售和团队组成等方面的专家。

创业指导服务提供 170 多位经过精心挑选且训练有素的创业导师。在接受指导过程中，受指导的创业者负责以下方面：①与创业指导服务办公室安排会议并提供会议议程；②进行会议记录并将其提供给办公室；③向创业指导服务办公室提供每月更新。

所有与创业导师的互动都是保密的、不予披露的。创业导师遵循严格的道德规范，提供免费服务并且不获取股份。至今，创业指导服务已经帮助指导了超过 2900 家创业企业，被指导的人数超过 3600 人。创业指导服务的初创企业融资超过 38 亿美元，而所有的交流均受严格保密。创业指导服务也形成了一套完

---

① Alec Dingee，成功企业家，创办了七家企业。与 David Staelin 是麻省理工学院 VMS 的共同创始人。毕业于麻省理工学院并曾任斯隆管理学院讲师。他是《新创企业：创业指南》（*New Venture Creation: A Guide to Entrepreneurship*）的合著者。于 2019 年去世，享年 88 岁。

② David Staelin，麻省理工学院电气工程教授。18 岁进入麻省理工学院学习，其余生 55 年均在该校学习工作。他与 Alec Dingee 是麻省理工学院 VMS 的共同创始人。于 2011 年去世，享年 73 岁。

整实用的创业指导模式，这套模式包括：①独特的团队指导方法；②严格的道德守则，以确保提供客观的、无冲突的、保密的建议；③筛选、培训和留住高素质且敬业的志愿导师群体的最佳实践；④专注于培养企业家及其创业项目；⑤给出切实可行的建议；⑥正规的运作流程。

由于 MIT 这套创业指导服务模式在创业指导上成效显著并得到广泛认可，因此将创业指导服务模式向外推广也成为其使命的重要组成部分。2006 年，创业指导服务开展外展培训计划（Outreach Training Program），通过正式培训计划在全球范围内推广其指导模型的方法、材料和实践。

（6）MIT 新创联盟

MIT 新创联盟（the MIT Startup Exchange）是 MIT 创新创业生态系统中的重要组成部分，它由 MIT 产业联盟（ILP）成员、与 MIT 连接的初创企业、MIT 员工与校友的活跃初创企业组成。其中与 MIT 连接的初创企业是指基于 MIT 许可技术创立的初创公司。目前，超过 1800 家初创企业在 MIT 新创联盟注册，而且还在不断增长中。MIT 新创联盟还设有 STEX25 加速器等不同平台。

作为产业联盟内成长起来的计划，MIT 新创联盟为对接的初创企业搭建了与 ILP 260 多家公司的联系平台。产业联盟项目主任负责将成员与 MIT 内相关领域的教职员工、实验室和研究成果进行对接，这当中也包括这些新创企业。

3. 创客体系

在 MIT 创新创业生态体系中，创客空间（makersystem）起着非常重要的作用。"边做边学"是麻省理工学院教育理念的基石，"建造"是麻省理工学院办学经验的重要组成部分。认识到创客教育对创新创业教育的重要性，MIT 创新计划（MITii）于 2016 年启动了行动项目（project manus）。当前，这个项目主要包括：（1）创客小站（makerlodge），面向本科生第一年的创客培训计划；（2）创客空间，包括深空间（the Deep）和都会空间（Metropolis）两个由行动项目运行管理的创客空间，面向本科生、研究生及所有教职员工开放并提供动手制造机会及相关培训。（3）莫比乌斯（mobius），一款用于在校园内查找制造商资源并支付材料费用的应用程序。而遍布整个校园的创客空间为 MIT 社区的成员提供了访问工具和空间的机会，通过制作原型产品使创意进入现实生活。麻省理工学院拥有 40 多个设计 / 建造 / 项目的创客空间，总面积超过 12077 平方米（130000 平方英尺）。创客空间可为相关的课程学习和个人项目提供的工具和设施包括 CNC、3D 打印、玻璃吹制、木材和金属加工、模具制造和铸造、机器人技术、电路、纺织品、陶瓷、生物制造等。MIT 主要的创客空间如表 6-2 所示。

表 6-2　MIT 主要的创客空间

空间名称	功能	空间名称	功能
拷贝特克 3D 打印服务（3-D printing service at Copytech）	3D 打印	兴趣车间（Hobby Shop）	木材、金属等加工
建筑建造车间（Architecture Fabrication Shop）	建筑制作	工程材料实验室（Lab for Engineering Materials）	工程材料
建筑木工坊（Architecture Wood Shop）	建筑木工	制造与生产力实验室（Lab for Manufacturing and Productivity）	生产加工

续表

空间名称	功能	空间名称	功能
51 区 CNC 车间（Area 51 CNC Shop）	CNC	LEES 工作坊（Laboratory for Electromagnetic and Electronic Systems，简称 LEES Shop）	电磁和电子工作室
海狸工坊（Beaver Works）	工学院和林肯实验室联合，提供项目式学习的研究与创新活动	创业中心原型机实验室（Martin Trust Center Protoworks）	创业中心原型机实验室
Huang-Hobbs 生物创客空间（Huang-Hobbs BioMaker Space）	生物创客空间	创客工坊（Maker Workshop）	由学生运行的创客空间，进行手动学习、原型机制作等
比特与原子中心（Center for Bits and Atoms）	媒体实验室的比特与原子中心	都会空间（Metropolis）	由 Manus 项目运行，提供焊接、激光切割、3D 打印、缝制等
化学机械工坊（Chemistry Machine Shop）	化学机械	微系统技术实验室（Microsystems Technology Laboratory）	微系统技术
土木工程机械工坊（Civil Engineering Machine Shop）	土木工程制作	MIT 电子研究协会（MIT Electronics Research Society，简称 MITERS）	由学生运行的会员制项目制作空间，主要是电子工程领域的创客组织
计算机与 AI 工坊（Computer Science & Artificial Intelligence Laboratory Shop，简称 CSAIL Shop）	计算机与人工智能领域创客工作坊	媒体实验室（Media Lab）	媒体实验室

续表

空间名称	功能	空间名称	功能
赛普拉斯工程设计工作室（Cypress Engineering Design Studio）	隶属于电子工程与计算机系，兼具教学与创客工作室功能	音乐与戏剧艺术工坊（Music and Theater Arts Set Shop）	音乐与艺术
深空间（the Deep）	由 Manus 项目运行，提供铣削、转弯、SLA 3D打印、模具制作、小屏幕印刷等	帕帕拉多 1 号实验室（Pappalardo 1 Laboratory）	提供制造技能的培训和技能提高
发展实验室（D-Lab）	发展实验室	物理机器工坊（Physics Machine Shops）	面向物理系及相关人士开放的物理工作坊
埃杰顿学生俱乐部（Edgerton Student Clubs）	太阳能汽车等制作和比赛的俱乐部	产品设计实验室（Product Design Laboratory）	产品设计
玻璃与铸造（Glass Lab and Foundry）	玻璃实验室、锻造和铸造厂		

资料来源：MIT 创新计划

4. 教师指导学生创业中的利益冲突与回避

在学校开展创新创业工作的过程中，总是会碰到这样的问题：给学生或教师创业团队进行指导时，学校或者指导教师是否要持有股份或获得报酬。甚至在一些学生参与并获得奖金的比赛中也会出现类似的问题。

MIT 在这方面有明确的规定。MIT 校规（MIT Polices）中的利益冲突条款规定，当公司仍由私人持股时，管理人员和指导者（包括仍是学生身份的指导者）不应对其指导的下属或学生的创业进行投资或拥有其股权，因为这会导致在给这些团队人员进行评分、升职、确定薪资水平或安排空间等方面发生利益冲突。

　　MIT 对于学生参与教师创新创业活动也有明确规定。虽然学生兼职参与教师的创业活动可能对学生的培养颇有裨益，但此类兼职无论是否有偿，均需由系主任与学生交流并得到系主任的同意方可。但如果教师是诸如学生论文指导老师等角色时，则此类兼职会产生利益冲突，除非将这种关系解除，否则应避免。如果学生是教师的课程助教等，不会产生对学生的评价等利益冲突，则可以实行。

　　简而言之，在教师对学生进行指导和参与创业或学生参与教师的创业（或在校外开展的业务）时，如果学生创业团队的参与可能会影响到对学生的评价等，则教师应该回避。

社会创业：
创新解决社会发展中的挑战

对社会创业的重视是 MIT 创新创业教育的另一个重要特色。MIT 关注人类社会面临的发展不平衡、贫困、疾病、教育公平、环境保护等一系列问题，鼓励师生通过创意和技术创新去解决这些挑战。MIT 建立了旨在解决人类社会面临的贫穷、发展不均衡等社会问题教育的 D-Lab、列格坦发展与创业中心、IDEAS 挑战赛等。

1. 列格坦发展与创业中心

成立于 2007 年的列格坦发展与创业中心（the Legatum Center for Development and Entrepreneurship，简称列格坦中心）旨在推动 MIT 学生专注于通过创业来解决人类社会面临的贫穷、发展不均衡等问题和挑战，促进社会变革并改善全球福祉。MIT 创新计划（MITii）的共同主任 Fiona Murray 教授兼任列格坦中心主任。列格坦中心设立了竞争性的奖学金，每年选拔 20~25 名符合条件的学生，专门致力于帮助他们在发展中国家建立和扩大企业。列格坦中心除给学生提供学费、旅行费用外，还提供原型支持、创业导师辅导、研讨会和其他校内资源。此外，列格坦中心选拔并资助（种子资金和旅费）MIT 学生实地探索全球各地的创新驱动的创业（innovation-driven entrepreneurship，IDE）机会，也为教师和学生提供研究经费，协助他们开展相关研究。列格坦中心还围绕社会创业举办竞赛、研讨会和活动等。

2. IDEAS 挑战赛

IDEAS 是 MIT 全校范围内举办的社会创新（social innovation）挑战赛，由普里西拉金格雷（Priscilla King Gray，简称 PKG）公共服务中心举办。PKG 公共服务中心通过给 MIT 学生提供实习、奖学金和公共服务项目等方式，将学生的学习范围从课堂扩展到世界各地的社区，让学生与各地致力于实现社会、环境和技术变革的非营利组织、政府机构和社会企业并肩工作。中心提供指导、资金等支持。2018—2019 年 IDEAS 挑战赛获资助团队如表7-1 所示。

表 7-1　2018—2019 年 IDEAS 挑战赛获资助团队一览表

团队名称	金额 / 美元	简介
Retired Talent	7500	一家雇佣退休人员并做到人岗匹配的公司
Sustainable AI	7500	一个提供准确的森林清查数据以帮助重新造林的组织
Animo	10000	一款价格实惠可以防止帕金森患者手颤抖的无创腕带
Precavida	10000	一个连接未投保的患者与医疗服务提供商的数字匹配平台
SciTeens	10000	一个旨在鼓励 STEM 教育的高中学生分享、评论和合作的免费在线社交网络
SiPure	10000	一家去除淡水中砷物质的硅膜技术开发公司
Req Staffing	10000	一家与财富 500 强的能源公司签订合同以满足他公司人力资本需求的公司
InSanirator	10000	一家通过将粪便污泥转化为能源和清洁水以填补卫生设施价值链空白的公司

续表

团队名称	金额/美元	简介
Frolic	10000	一家将年老的土地所有者与中等收入的首次购房者配对的公司
Myco Diagnostics	15000	一家提供便捷的检测方法以弥补印度结核病诊断缺口的公司

参加 IDEAS 的学生团队在来自不同行业和学术领域的导师指导下，通过创新来解决人类社会面临的紧迫的社会和环境问题。学生通过组建团队，按照 IDEAS 强大的支持系统突破想法、参与挑战赛，并有机会获得最高 1.6 万美元的资助以实践团队的创新。IDEAS 通常有大约 20 个由学生组成并领导的团队参加，共资助 7 万美元，奖金范围从 1000 美元到 1.6 万美元（进入决赛的团队自动获得 1000 美元的奖励，并将有机会获得另外三个奖项之一，分别为 7500 美元、1 万美元和 1.5 万美元）。2019—2020 年 IDEAS 流程图如图 7-1 所示。

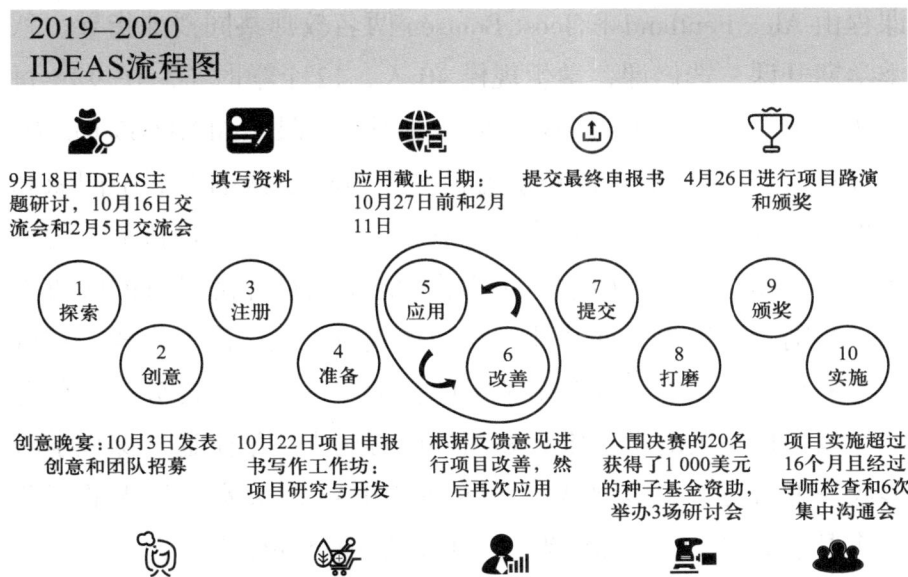

2019—2020 IDEAS流程图

9月18日 IDEAS主题研讨，10月16日交流会和2月5日交流会　填写资料　应用截止日期：10月27日前和2月11日　提交最终申报书　4月26日进行项目路演和颁奖

1 探索　2 创意　3 注册　4 准备　5 应用　6 改善　7 提交　8 打磨　9 颁奖　10 实施

创意晚宴：10月3日发表创意和团队招募　10月22日项目申报书写作工作坊：项目研究与开发　根据反馈意见进行项目改善，然后再次应用　入围决赛的20名获得了1000美元的种子基金资助，举办3场研讨会　项目实施超过16个月且经过导师检查和6次集中沟通会

图 7-1　2019—2020 年 IDEAS 流程图

3. 社会创业课程

MIT 社会创业课程开设最多的当属 D-Lab，其于 2002 年由机械工程系的高级讲师 Amy Smith 创立，旨在解决人类社会面临的贫穷、发展不均衡等社会问题，最初只是开设了一个班的规模。该课堂以动手学习、项目式学习和基于现实问题的学习为标志，目前已经发展超过 20 门课程，其中有 12~15 门常设。超过 2000 名学生参加过 D-Lab 的学习。D-Lab 目前有 31 名职员，并有强大的师资和导师团队，还设有博士后和学者。D-Lab 在全球超过 25 个国家和地区有学生和职员的田野（fieldwork）项目、研究计划和学者。当然，D-Lab 能在全球开展教学工作也在于 MIT 设立大量的基金资助学生的旅费等开支。

例如 D-Lab 的社会创业课程"发展创业"（development ventures   MIT emerging market innovations seminar）。该课程由 D-Lab media lab 创业计划共同开设，2000 年起至今已开设 20 年。课程由 Alex Pentland 和 Joost Bomsen 两名教师共同授课指导，秋季学期开课，选修课，学生规模 40 人，12 个学时（3-0-9）（每周 3 小时课程学习，9 小时课外工作），课号 MAS.665/15.375/EC.731J。该课程基于行动学习模式，目标是帮助发展中国家和新兴市场等创立、融资和建立企业。课程让学生直面挑战，为世界上至少 10 亿人口所面临的问题制定持久且经济可行的解决方案。特别着重于提出变革性创新和指数级扩展的商业模式，在世界范围内推动或加速社会变革。课程学习过程中，部分基金可资助与该课程相关的学生旅行和国外田野调查。学生通过课程学习形成商业计划，并参加 MIT100K 或 IDEAS 等大赛。优秀的团队将获得基金资助，从而能够进一步推进项目并建立新企业。

D-Lab 的显著特点是通过跨学科课程，在全球范围内寻求合

作并致力于解决全球面临的贫困问题，提供解决方案。D-Lab 的
另一特点是设计者（designers in residence）和创新者在 D-Lab 共
同工作、指导学生。如今，MIT 推动 D-Lab 3.0，建立教育、研
究和创新实践三大支柱，在如下方面成为 MIT 内的领导者：

（1）在全球扶贫领域创造并提供变革性的学生学习体验；

（2）推进全球扶贫的包容性设计教育学的研究和实践；

（3）建立了现实问题解决的生态体系，支持从对需求的分
析、到创意、再到形成影响力的全过程。

MIT 创新创业的成功之道

  MIT 创业中心创始主任 Edward Roberts 教授曾经在他的演讲中问大家一个问题："如果 Charles 不到 MIT，会去创业吗？"他说的这位 Charles 就是张朝阳。当年，MIT 物理系博士毕业生张朝阳在 Edward Roberts 教授的支持下，不断锤炼商业计划，并拿到了 MIT 媒体实验室主任 Nicholas Negroponte 教授、Edward Roberts 教授本人等的风险投资，回国创办了搜狐。创业当年就被《时代》杂志评为全球 50 位数字英雄。2018 年 12 月，张朝阳入选"中国改革开放海归 40 年 40 人"榜单。2019 年，张朝阳以 45 亿元资产位列"2019 年胡润百富榜"第 912 位。

  当然，Edward Roberts 教授这个假设性问题没有答案。但不可否认的是，张朝阳本人当然得益于 MIT 浓厚的创业氛围和实实在在的创业支持。而要研究 MIT 的创新创业成功之处，从不同角度会有不同见解，本书之前各章也已经从不同方面进行了解读。对于跟随者，模仿开设一门课、一个项目或许并不难，但是复制 MIT 的成功却并不容易。这里，仅对之前的解读从文化、体系、评价导向和创新几个方面进行简单归纳。

1. 知行合一的文化

MIT 校训"知与行"传递知行合一的办学理念。MIT 定义学校存在的价值，不仅在于对知识的追求和发现，更重视对现实问题的解决和实践，也因此特别强调要从"概念到影响力"。创新创业更是让这个校训被更好地诠释。正如校长 Rafael Reif 所言，MIT 明确以用创业的方法去解决全球面临的挑战为其使命。

而在创新创业教育中，MIT 也贯彻了知行合一的文化。一方面，诚如 MIT 创业中心创始主任 Edward Roberts 所言，虽然校训是"知与行"，但毕竟"知"在前。MIT 首先开创性地建立了创新创业的教师团队，在创新创业领域开展严谨规范的教育和研究。这也为 MIT 开展更广泛的创业教育打下了坚实的基础。另一方面，MIT 的创新创业教育不仅强调对创新创业知识的传授，更强调引导学生用创业的方法结合专业和创新技术去解决问题，这个过程中注重对学生进行创客教育，支持他们对机会的识别并提出创意，再把创意实现为原型机并不断迭代，最终形成成功的产品和服务并产生价值和影响力。MIT 采用行动学习等形式，在很好地实现了创新创业课程知行合一的同时，也提升了学习的质量和效率。

2. 丰富且可用的创新创业资源和完善的生态体系

MIT 的学校规模并不算大，本科生每年招生 1100 人左右，各类研究生招生 2300 人左右。但按照 MIT 的统计，全校提供的创新创业资源超过 200 种。这些资源相互协同、发挥作用，一同构成了 MIT 的创新创业生态体系。

这个生态体系内各个资源协调运行，对内联通了教学、科研和实践，对外使校内外的创新创业资源联通交互。这其中有所有学院协同开展创新创业教育和支持的 MIT 创新计划（MITii）；有提供创新创业教育核心师资力量、60 多门创业课和创业支持的 MIT 创业中心；有激发全校创新创业热情的 MIT100K、IDEAS 和能源挑战赛等；有为学生提供种子基金的 Sandbox；有德尔塔 v、设计 X 等加速器；有 170 多位经过精心挑选且训练有素的创业导师提供全面指导服务的创业指导服务（VMS）等。此外，还有 MIT 技术许可办公室、MIT 产业联盟（ILP）、MIT 新创联盟（Startup Exchange）等与外部资源进行协作连接的系统资源。

　　MIT 的这个创新创业生态体系得到教育领域同行的高度认同，并吸引着美国内外的高校争相效仿，希望通过学习、引入这样的系统，复制 MIT 在创新创业上的成功。据 Edward Roberts（2020）介绍，早在 1998 年，英国就希望引进 MIT 这套成功的创新创业教育体系到英国的大学，与 MIT 合作启动了"剑桥大学 –MIT 计划"，投入经费 1 亿美元，Edward Crawley 教授被任命为该项目总体负责的执行主任。MIT 的许多做法，例如成立 MIT 创业中心并设立相关课程、项目等也被英国高校所学习借鉴。

3. 影响力驱动

　　在全世界高校中，很多人惊讶于 MIT 教师如何平衡教学、科研、社会服务等工作，以及对于除科研外的各种工作的投入。例如教学，在 MIT 创新创业课程中可以看到各课程的创新以及相关教师及资源的投入，这与许多大学对于教师"教学工作量够了"就行之间的差距是显而易见的。许多到访 MIT 的同行都常有这样的疑问：为何他们如此投入？

　　回答这个问题比想象中要复杂，其中涉及方方面面的因素。然而，在对 MIT 的调研和访谈中，有一个关键词总是反复出现，那就是"影响力（impact）"。在 MIT，无论从事何种工作，抑或是何种类型的学生，各个层面都在提"From Ideas to Impact"（从创意到影响力），而且是全球性的影响力。对于 MIT 而言，各项工作的驱动就是创意创新，而结果指向就是要形成影响力。这也是 MIT 对各项工作、计划、人员和学生进行评价的重要指标，是 MIT 这台创新驱动器的方向盘，更是整个 MIT 社群的指挥棒。所以，做有影响力的事情，是驱动 MIT 所有人的做事准则。为此，在 MIT 可以看出做事情的一般路径：试行 – 常态运作 – 校外推广。例如 MIT100K，初期是 MIT10K，在成功举办后发展成如今的MIT100K，并且在全球发展为"大挑战（Mass Challenge）"。再如，E-Lab 发展成为 G-Lab，再形成行动学习实验室（action learning labs），并开设了 16 门这样的课程，且成为全球学习的榜样。而整个 MIT 的创业教育，在 MIT 创业中心和 MIT 创新计划等基础上，更形成区域创业加速项目（Regional Entrepreneurship Acceleration Program，REAP）向全球推广。可见，无论开展何种工作，如何让工作成功开展并成为典范，产生全球性的影响力，是 MIT 开展工作的一般路径，也反映出这些工作背后"影响力"这根隐形的指挥棒对参与其中的教职员工所发挥的作用。这样就可以理解，MIT对教师的评价并不完全看其学术成果的发表，更关注其工作的影响力。在浏览 MIT 教师的个人介绍时会发现，除了论文，媒体报道和发声同样被放在显著的位置。对教师而言，无论是科研、教学还是相关方面，做出有影响力的成果是最受到认可的。

影响力导向的创新创业工作开展路径如图 8-1 所示。

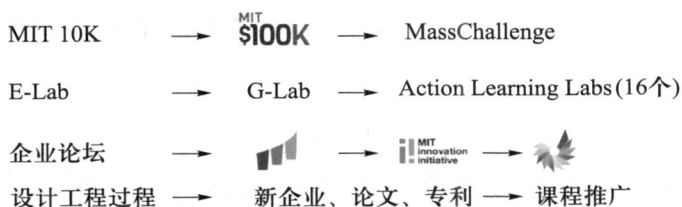

图 8-1　影响力导向的创新创业工作开展路径

4. 并驾齐驱的三驾马车

MIT 创新创业教育最为称道的三个做法是教学带动科研、创客培养和跨学科融合。这三驾马车并驾齐驱，带动 MIT 创新创业教育取得累累硕果。

（1）教学带动科研

通常，高校在强调科研的重要性时，常说科研带动教学。不过在 MIT，以"iTeams"为代表的课程则是反其道而行之，通过行动学习，让学生参与到教师科研的早期选题中，通过创业方法论帮助老师找出科研的选题以及制订商业计划。这当然得益于 MIT 对于教学创新的鼓励，也与之前介绍的影响力导向有密切的关系。让创新创业课程的教学成果产生巨大的影响力，或许是这种尝试的最初动力。MIT 陈刚教授介绍，MIT 为教师教学发展工作设定了三项目标：促进课程设计创新、促进教学方法创新和促进教育技术革新。据统计，"iTeams"这门课程如今已经累计孵化出了超过 40 家公司。

（2）创客培养

2020 年，在新型冠状病毒肺炎疫情初期，个人防护装备的缺乏给医护工作带来了非常大的困难。在这样的背景下，MIT 学生团队以最快的速度设计制作出了简易的防护面罩并获得 FDA 紧急授权，每周产量达到 250 万个。许多人看到 MIT 提供的简易防护面罩时都不禁会问，这很简单，可为什么只有 MIT 在做？这得益于 MIT 的创客培养，这个团队就来自于 MIT 的创客项目。

MIT 在学生培养过程中，贯彻"知与行"的校训，特别注重"建造"能力的培养，并将其作为创新创业教育的核心内容。在 MIT 创新计划（MITii）中，创客培养是重中之重，该计划的一项重要任务就是联通全校的创客空间并让学生更容易进入。MIT 创新计划主任 Fiona Murray 教授指出，MIT 的创新创业教育既要培养 CEO，也要培养 CTO。这个想法也体现在各创新创业教育项目中。例如，在创新创业辅修学位的培养方案中，基础课"工程创新"和"创业工程"各有侧重，同时学生还需要选修动手学习课程。MIT 关于创造类的课程也很多，例如基础的有"创造"（Making）、"产品工程过程"等。

（3）跨学科融合

专创融合与跨学科培养是 MIT 创新创业教育的基石，这已经在之前反复提出。MIT 的院系设置本来已经比较宽泛，例如其机械工程系，系主任陈刚教授介绍，这个系其实相当于国内高校几个系甚至几个学院的设置。而 MIT 的斯隆管理学院则根本不设系，本科亦只有管理学一个专业。欧林工学院校长里克·米勒（Rick Miller）在离任时再次强调，如今大学的本科专业设置已经没有意义。无论 MIT 提出的新工科教育转型（NEET）还是欧林工学院的工程教育革命，都指向了教育必须突破学科与专业的藩篱。

MIT 的创新创业教育实践展示出来的强大力量，正是将管理学院的传统创业教育与工程学院等的专业教育密切融合，让不同学术背景的教师、多元化的学生在一起学习。学习的目的不是完成考试，而是解决问题，做不一样的事情。

综上所述，MIT 创新创业教育既得益于其知行合一的办学传统、顶层高屋建瓴的规划设计、丰富可用且高度协同的创新创业体系，也归功于各层面的强大执行力，更在于一批理论与实践相结合的师资的全身心投入和教育创新。

"如果 Charles 不到 MIT，会去创业吗？"回到本章开头 Edward Roberts 教授的这个问题。不可否认，张朝阳这位物理学博士，正是在 MIT 建立的创新创业生态体系中，像他的许多同学一样，受创新创业的耳濡目染。各种校友创业的传奇就在身边，他内心的梦想也被不断激发，而当他想找人"聊两句"的时候，有一道门在那里等着他敲开，当他决定要行动的时候，有合适的资源能够支持他。他和许多校友就这样在 MIT 创业生态体系中受到触动、得到启迪和支持，将他们萌发的创意变成有影响力的实践（move ideas from conception to impact）。Edward Roberts 教授的这个问题也在拷问着我们的高校：为送来的每一位学子做了什么准备？要给予他们什么样的教育？通过什么把这些学子培养为未来更具不确定性世界的领导者？

结束语

在新型冠状病毒肺炎疫情暴发之际，商业活动受到了极大的影响，许多地方关门停业。然而，紧邻 MIT 的肯德尔广场则迎来了创业高峰，创业场地一座难求。这就是创新创业的力量。创业就是在面临新的不确定时，如何去管理它。

当然，开展创新创业教育并不是要让本科生、研究生毕业就去创办企业。这是对创新创业教育的误解。创新创业教育本身是赋能教育，是让学生具备创业者心态的领导力。这种能力无论是对学生创办公司、进入职场还是开展非传统意义上的工作均意义非凡。具备这样的能力，这些学生将来在各领域开展开创性工作（包括创办企业）的机会就更大。

需要特别强调的是，本书所探讨的 MIT 等高校的创新创业教育和实践做法，其他高校并非要效仿和照搬照抄，毕竟我们在许多方面存在差异。研究这些高校的成功之道，是要揭示创新创业教育的规律和内涵，更要思考如何立足我们办学的现实和特点，量体裁衣，通过教育的创新创业打造适合我们的创新创业教育体系。创新创业可以引发深刻变革，让教育者思考如何重新设计我们的大学，让学校内部建立广泛的协同与合作、让学习变得更加有意义、让科研变得更加有使命感、让学校与社会更加深度协同，从而建立起欣欣向荣、充满活力的大学。

哲学家爱默生（Ralph Waldo Emerson）说："别沿老路走下去，要勇于开拓创新去探索那未知之境。（Do not go where the path may lead，go instead where there is no path and leave a trail.）"创新创业之于教育本身也意义非凡，在人类社会发展的新时期，对教育改革的呼声四起，教育本身需要掀起一轮创业。

最后，在本书创作过程中，得到了多方的指导与支持。特别感谢 Edward Crawley 教授、顾佩华院士、王重鸣教授、Andrew Godley 教授、何桢教授和杨秋波等人的指导。感谢陈荣立、张思进、张嘉祺等人协助进行本书的后期图文等编辑工作。感谢中美富布莱特项目、教育部新工科研究与实践项目、中国高等教育学会创新创业教育分会重大项目、美国麻省理工学院 NEET、天津大学管理与经济学部、天津大学宣怀学院、浙江大学全球创业研究中心、英国雷丁大学亨利商学院等的支持。感谢家人一直以来的支持与关心。

编者

参考文献

［1］ U.S.Department of Commerce.The Innovative and Entrepreneurial University: Higher Education, Innovation&Entrepreneurship in Focus ［R］.Washington：U.S. Department of Commerce，2013.

［2］ DRUCKER P F.Innovation and Entrepreneurship ［M］. Reprint ed.New York：Harper Business，2006.

［3］ 麻省理工学院官网

［4］ 麻省理工学院产学合作计划官网（麻省理工学院 ILP 官网）

［5］ 麻省理工学院创新创业资源官网

［6］ 麻省理工学院 Orbit 官网

［7］ BUDDEN P, MURRAY F.MIT's Stakeholder Framework for Building Accelerating Innovation Ecosystems ［R］. Cambridge：MIT's Laboratory for Innovation Science &Policy,2019.

［8］ 麻省理工学院 STEX 官网（麻省理工学院 Startup Exchange 官网）

［9］ ROBERTS E B, MURRAY F, KIM J D.Entrepreneurship and Innovation at MIT Continuing Global Growth and Impact ［R］. Cambridge：MIT Sloan School of Management，2015.

［10］ROBERTS E B, EESLEY C E.Entrepreneurial Impact：The Role of MIT［R］. Hanover：Foundations and Trends in Entrepreneurship, 2011.

［11］ROBERTS E B, MURRAY F, KIM J D.Entrepreneurship and Innovation at MIT：Continuing Global Growth and Impact—An Updated Report［R］.Hanover：Foundations and Trends in Entrepreneurship, 2019.

［12］CARLEN J.A Brief History of Entrepreneurship：The Pioneers, Profiteers, and Racketeers Who Shaped Our World［M］. New York：Columbia University Press, 2016.

［13］MIT School of Engineering.New Engineering Education Transformation［EB/OL］.［2022-7-11］.（麻省理工学院 New Engineering Education Transformation 官网）

［14］CRAWLEY E F, HOSOI A P, MITRA A B.Redesigning Undergraduate Engineering Education at MIT-the New Engineering Education Transformation（NEET）Initiative［C］. Salt Lake：2018 ASEE Annual Conference & Exposition, 2018.

［15］CRAWLEY E F, HOSOI A, LONG G L, et al.Moving Forward with the New Engineering Education Transformation（NEET）Program at MIT-Building Community, Developing Projects, and Connecting with Industry［C］. Tampa: 2019 ASEE Annual Conference & Exposition, 2019.

［16］ROBERTS E B.Celebrating Entrepreneurs：How MIT Nurtured Pioneering Entrepreneurs Who Built Great Companies［M］. 2nd ed.Cambridge：MIT, 2020.

［17］顾佩华.新工科与新范式：概念、框架和实施路径［J］.高等工程教育研究, 2017（6）：1-13.

（GU P H.The Concept，Framework and Implement Approaches of Emerging Engineering Education（3E）and the New Paradigm ［J］. Researches in Higher Education of Engineering,2017（6）: 1−13.

［18］ITO J.The Antidisciplinary Approach［J］. Research-Technology Management，2017，60（6）: 22−28.

［19］CRAWLEY E F,LUCAS W A,MALMQVIST J.The CDIO Syllabus v2.0: an Updated Statement of Goals for Engineering Education ［C］. Proceeding of the 7th International CDIO Conference. Copenhagen: Technical University of Denmark, 2011.

［20］麻省理工学院新工程教育转型官网（麻省理工学院 New Engineering Education Transformation 官网）

［21］麻省理工学院创新总部官网

［22］CRAWLEY E.Skyscrapers［M］. Cambridge: Worldwide CDIO Initiative，2005.

［23］麻省理工学院 Facts 官网

［24］GRAHAM R.The Global State of the Art in Engineering Education ［M］.Cambridge: MIT，2018.

［25］CRAWLEY E F，LUCAS W A，MALMQVIST J.The CDIO Syllabus v2.0: an Updated Statement of Goals for Engineering Education［C］. Proceeding of the 7th International CDIO Conference.Copenhagen: Technical University of Denmark,2011.

［26］王心见.访 MIT 机械工程系主任陈刚教授:"世界一流"是 怎样炼成的［N/OL］.科技日报.2016−7−19［2022−7−11］.

［27］麻省理工学院政策官网

［28］LATANÉ B,The Psychology of Social Impact［J］.American Psychologist. 1981,36（4）: 343−356.

［29］MILLER R.Lessons Learned Zoom Event with Olin's President Rick Miller［EB/OL］.（2020-6-2）［2022-7-11］.https：// youtu.be/GRggWSN4-eo.

［30］CROW M M,DABARS W B.The Fifth Wave：The Evolution of American Higher Education［M］.Baltimore：Johns Hopkins University Press，2020.

郑重声明

高等教育出版社依法对本书享有专有出版权。任何未经许可的复制、销售行为均违反《中华人民共和国著作权法》，其行为人将承担相应的民事责任和行政责任；构成犯罪的，将被依法追究刑事责任。为了维护市场秩序，保护读者的合法权益，避免读者误用盗版书造成不良后果，我社将配合行政执法部门和司法机关对违法犯罪的单位和个人进行严厉打击。社会各界人士如发现上述侵权行为，希望及时举报，我社将奖励举报有功人员。

反盗版举报电话　　（010）58581999　58582371
反盗版举报邮箱　　dd@hep.com.cn
通信地址　北京市西城区德外大街4号
　　　　　高等教育出版社法律事务部
邮政编码　100120

读者意见反馈

为收集对教材的意见建议，进一步完善教材编写并做好服务工作，读者可将对本教材的意见建议通过如下渠道反馈至我社。

咨询电话　400-810-0598
反馈邮箱　gjdzfwb@pub.hep.cn
通信地址　北京市朝阳区惠新东街4号富盛大厦1座
　　　　　高等教育出版社总编辑办公室
邮政编码　100029